幻の公衆

THE PHANTOM PUBLIC

ウォルター・リップマン
河崎吉紀 訳

柏書房

幻の公衆

THE PHANTOM PUBLIC

By Walter Lippmann

This edition is an authorized translation from the English language edition published by Transaction Publishers, 35 Berrue Circle, Piscataway, New Jersey 08854.

Japanese translation rights arranged with Transaction Publishers through Japan UNI Agency, Inc., Tokyo.

目次

第I部

第Ⅱ部

第III部

〔凡　例〕

一、翻訳の底本には Walter Lippmann, *THE PHANTOM PUBLIC*, Transaction Publishers, 1993. を用いた。

一、訳註は〔　〕で示した。

第Ⅰ部

第1章　しらけた人

一

その場を忘れミステリーに没頭すべきはずが、どうにも眠らずにはいられない。一般市民は今日、後列で何も聞こえない観衆のごとく感じるようになった。彼はいま起こっていることに、どういうわけか影響を受けている自分を知る。規則や規定は絶えず、税金は一年ごとに、戦争はときどき、彼に思い起こさせる。周囲の状況という大きな流れに押し流されていることを。

それでも、これら公的な問題は納得できないままに彼の問題である。そのほとんどは目に見えない。多少なりともそれらが扱われるとして、それは遠い中央で舞台裏から、だれともわからない権力によって処理されている。私人として彼は、何が行われているのか、だれがそれをしているのか、どこに連れて行かれるのか確かなことがわからない。周囲の事情をわかるように伝えてくれる新聞はなく、どう考えればよいのか学校は教えてくれなかった。多くの場合、彼の理想は現実とかけ離れており、演説を聞き、意見を述べ、投票をしても情勢を左右できないことに気がつく。彼は見て理解し指図することができない世界に生きている。

経験上、主権がフィクションであることはわかっている。理論上君臨しても、実際に統治することはない。公的な問題について自らと実際になしえたことを思い返し、及ぼした影響と民主主義の理論上及ぼすはずの影響とを比べてみて、彼は自らの主権について次のように言わねばならない。ビスマルクがナポレオン三世について述べたように「少し離れてこそひとかどの人物だが、近づけばまったくどうでもよい人である」[1]と。なんらかの煽動、いわゆる政治的キャンペーンの期間中、彼は知恵と力、正義の源として、主唱者にして究極の目標、主張における健全さの最後のよりどころとして、彼自身のほか三〇〇〇万人が描かれるのを耳にする。彼は年がら年中、自ら太陽を昇らせ目がくらんで嬉しそうな

シャントクレール〔フランスの寓話『狐物語』に登場する雄鶏〕を演じるわけにはいかない。というのは、政治的ロマン主義の時代に暮らしてきた庶民が、もはや熱心な叫び声の陳腐な繰り返しに心を動かされず、冷静にして感銘を受けないとき、公的な事柄における彼自身の役割がもったいぶったものに、平凡で取るに足らないものに見えるからである。市民の奉仕と義務について率直に語っても、目の前で旗を振り、投票させようとボーイスカウトを差し向けても彼を動かすことはできない。彼は世界を何やら変えようという運動から帰宅した男なのである。泡沫の出来事に踊らされ、意地悪くあざけりながらもそのたわごとに耳を傾けてきた。彼は『どうでもよい』の著者を任じて言う。(2)

「デタミネイション（自決だ）」と言って彼らの一人は聞かなかった。
「アービトレイション（仲裁を）」ともう一人が叫んだ。
党の穏健派は「コーオペレイション（協調）」を提案した。
妥協を許さない女性が「コンフィスケイション（没収だ）」と切り返した。
私もまた、これらの言葉に興奮するようになった。あらゆる災厄の救済ではないか。
「イノキュレイション（予防接種）！」と私は割って入った。「トランサブスタンティエイション（聖変化）、アリタレイション（頭韻法）、イナンデイション（洪水）、フラジェレイション（笞打ち）、アフォーリステイション（植林）だ！」

二

すべての人々が公的な事柄に参加するわけではない、というのはよく知られている。大統領選挙の年でさえ、合衆国の有権者は半数以下しか投票に行かない。(3) 一九二四年のキャンペーン〔カルビン・クーリッジの笑顔を強調したエドワード・バーネイズによる選挙戦術〕では、投票者を増やすために特別な努力が払われた。彼らは出かけなかった。憲法や国民、議会制度、大統領の交代、私有財産、すべてが危機に瀕するようになる。多くが投票に行かなければ赤い破滅、黒い腐敗、第三の専制や帝国主義を招くと、ある政党は予言した。市民権の半数は行使されなかった。

研究者はこれまで投票について本を書いてきた。彼らはいま棄権について本を書き始めている。一九二三年の典型的なシカゴ市長選挙は、有権者一四〇万人中、登録者が九〇万人のみであり、そのうちどうにか最終的に投票に行った者は七二万三〇〇〇人しかいなかった。シカゴ大学でメリアム教授とゴズネル氏は、入念な調査[4]からその理由を明らかにしている。何千という人々にインタビューが行われた。棄権者の約三〇%は、投票に行けないやむをえない事情があったか、少なくともあったと主張している。彼らは病気であり、都市部から離れており、子どもか病人がいて家を留守にできない女性であり、法に定められた住所がなかった。残りの七〇%は、この共和政体の主権を有する自由な市民、約五〇万人に相当し、投票しない理由があるという素振りさえ見せず、要するに、投票に注意を払っていないという自覚がなかった。仕事で忙しい、投票所は混んでいる、不便な場所にある、年齢がばれるのが怖い、女性に参政権があると思えない、亭主が反対する、政治は腐敗し選挙も腐敗し、投票はおっくうで、選挙があることを知らない。インタビューを受けたおよそ四分の一は、まったく興味がないと正直に述べた。

それでもなお「合衆国においては、他国同様、有権者の大多数が主権者として意思を表明する[5]」と言うブライス〔ジェームズ・ブライス、一八三八―一九二二。イギリスの政治家、歴史家〕に権威がある。確かに、スイスにおける発議権と国民投票の行使について、ローウェル氏〔ローレンス・A・ローウェル、一八五六―一九四三。ハーバード大学学長〕の研究はアメリカの投票者の無関心が例外ではないという見方を裏づける[6]。事実、ヨーロッパの現実的な政治思想家は、集団としての民衆が公的な事柄の方針を左右するという考えをかなり以前に捨てた。彼自身、社会主義者であるロベルト・ミヘルス〔一八七六―一九三六。イタリアに帰化したドイツ出身の社会学者〕は「多数者が自治を行うことは永遠にない」(7)ときっぱり述べ、スウェーデン社会党副代表、グスタフ・F・ステフェンの「勝利の後でさえ、政界には常に指導する者とされる者とがあり続けるだろう」という発言をわが意を得たりと引用する。偉大な洞察力を持つ政治思想家であるミヘルスは、野党の勝利は「嫉妬から貪欲の領域へ移ること」であるというゲルツェン〔アレクサンドル・イワノビッチ・ゲルツェン、一八一二―七〇。ロシアの思想家、作家〕の言葉を記すことで、最後にその主題についての胸の内を明かす。

まったく投票しない、名簿の先頭に記載されている人へいつも入れる、予備選挙を棄権する、演説を聞かない、文書も読まないという非難に値する山のような不作為の罪により一般市民が表明する幻滅に、もはや取りたてて新しいところはない。この上、彼を糾弾するつもりはない。私は彼の心中を察する。不可能な任務を負わされ、達成できない理想を実現するよう求められているからである。それは私自身についても言える。公の仕事は私の主な関心であり、それを観察するために多くの時間を割いているが、民主主義の理論が私に期待することをするだけの時間はなく、言い換えれば、何が起こっているかを知り、じかに統治する地域で立ち昇る問題すべてに対し語るに足る意見を持つことはできない。合衆国大統領から政治学の教授まで、主権者、全権を有する市民といった広く受け入れられている理想を実体化しそうなだれかに、私は出会ったことがない。

第2章　達成できない理想

完璧な市民がどうやって生まれるのかを想像してみた。ある人は正しい細胞の組み合わせから生まれるものだと言う。マディソン・グラント〔一八六五―一九三七。移民制限を主張した優生学の信奉者〕、ロスロップ・ストッダード〔一八八三―一九五〇。産児制限を主張した優生学の信奉者〕など民族再生論者によって書かれた本の中で、偉大な市民を生む者と結婚すべきであるという処方箋を見たことがある。私は生物学者ではないので、この点について先入観を持たず希望を抱いているのだが、人類の才能を掛け合わせるという方法の確かさが、概して、書き手の科学的名声に反比例するということも知っている。

そこで、必然的に次に関心が向けられるのは教育である。というのも一五〇〇年にわたり書き継がれてきた民主主義についての楽天的な本は、すべて最終章の論題に教育を据えているからである。断固たる不動の反センチメンタリスト、ロベルト・ミヘルスでさえ最後の考察で次のように述べている。すべての集団行動の「少数独裁の傾向に、できる限り逆らえるようにするために、大衆の知的レベルを向上させることが社会教育の大いなる仕事である」。

だから私は、高校や大学で市民権を教えるのに使われる最近の標準的なテキストを読んでみた。読み終えて私は、百科事典編纂者の貪欲さとそれに先立つ無限の時間を持たねばならないという結末から、どうやって逃れられるのか理解できない。確かに地方役人の正確な給料や、検死官の任期を覚えておくよう期待されることはもはやない。新しい公民科では組織の詳細ではなく政治問題を勉強する。私が読んだ簡潔で論争的な五〇〇ページのテキストが告げるのは、市の問題、州の問題、国の問題、国際問題、信用問題、労働問題、輸送問題、金融問題、農村問題、農業問題など数限りない問題である。市の問題にあてられた一一ページに、一二の付随する問題が描かれている。

しかし、このよかれと思って書かれた本において、未来の主権市民がどうすべきかというヒントはどこにもなく、生計を立て子どもを育て生活を楽しむかたわら、問題のこのあふれんばかりの混乱について、その成り行きは知らされ続けることになっている。国の資源は量的に限られているため、節約して使うよう強く求められる。納税者が際限なく支払うことはないのだから、財政支出を監視するよう助言される。しかし、投票者であり市民にして主権者である彼は、無限に公共精神、関心や興味、努力を発揮すると期待されているように見える。都市の下水からインドのアヘンまで、およそ考えうるすべてに手を出しているテキストの著者は、決定的な事実を見逃している。すなわち、市民が公的な問題に割く時間はわずかであり、理論はともかく事実は、何気ない関心と貧弱な欲望しか持っていないということを。

ブルックリンの地下鉄や満州鉄道について木曜日に考える義務があるのかどうか、地下鉄問題について木曜日に主権を行使すると決めたなら、モンタナの地方融資やスーダンにおける英国の権利に対し、主権を行使する前日には頭に入っているはずの問題について、彼はどうやって知識の空白を埋め合わせるのか。市民の義務を説く教師が、こうしたことを学生に授けようと思うことは決してない。いまだに彼は、すべての時にすべてを知ることができないでいる。一つを見ているあいだに、ほか一千の物事は大きな変化を遂げる。彼が身につけている素人的なやり方でも最善を尽くせる問題にだけ注意を引きつけておくことが、何か合理的な理由にならないのだとすれば、同時に三本の骨をなめようとする子犬のごとく戸惑うことになろう。

世界の諸問題という観光旅行に学生たちを連れて行くのが良くないと言いたいのではない。たとえ「彼が口を開けばいつでも、病原菌に苦しめられ、息づく教義を背負い、有罪判決を担わされる(8)」冒険を経験せずとも、世界が複雑であることは教わるだろう。彼は謙虚さを学ぶかもしれない。しかし、高邁な著者が考えた彼に与える知識とは、一九二五年におけるアメリカの問題であり、まず間違いなく一〇年後の問題を身につけることではない。つかの間の争点から彼が知的な態度を身につけるのでない限り、教育はまったく存在しないのである。

だから、民主主義の無能力に対する救済を、いつもの教育に訴えることは不毛である。それは立法者や市民的理想の説教師に仕様書を書く自由を与えてから、学校の教師が独自の魔法を使って人々を統治者にふさわしい者へと仕立て上げようとする提案である。改革者は人が何を理解できるかを問わない。現代世界の統治に必要なものなら何でも教えるべきだと言う。

教育への月並みな訴えは失望しかもたらさない。現代世界の諸問題は、教師たちが把握し、その実質を子どもたちに伝えるより速く現れ、変化するからである。その日の問題をどう解決するか、子どもたちに教えようとしても学校はいつも遅れてしまう。もっとも可能性のある試みは、市民が上手に新しい問題と取り組めるよう、思考や感情の手本を示すことである。しかし、教育者はその手本を作り出せない。手本を描くのは政治思想家の仕事である。そこで大衆を政治的天才と見なしてはならないが、たとえ天才であるとしても、彼らは公的な問題にわずかな時間と注意しか振り向けないだろう。

その時々の問題でそれぞれの要因や解決を第一とするのではなく、社会教育はすべての問題に対し態度を決する原則を扱わねばならないという理想に、残念ながらモラリストはあまりにたやすく同意するだろう。彼に近づかないよう警告する。良心にたどり着くことが困難である際に、良心は導きとはならず、それは現代社会の統治に良心以上のものを求めるであろう。

単にモラルやマナー、愛国心を教えることで現代世界を扱えるようになると考えたくもなるとき、私はたそがれ時に散歩する物思わしげな教授の寓話を思い出すことにしている。彼は木につまずく。この経験が無理な行動を促す。名誉も家柄もある男は帽子をとり木に深くお辞儀をして、心から遺憾の意を表明するのだ。「申し訳ありません、あなたが木であると思っていました」。

品行の問題として彼の行いをたしなめるのは公平か。ぶつかったことに対する彼の礼儀正しさをだれが否定できよう。彼の謝罪は十分ではないか。ここには完璧に機能する道徳律がある。行いの唯一疑わしい側面は、彼の親切心や原則の手堅さではなく事実に向けられる。人と木の違いを理解する道徳的義務があると、あなたは反論するかもしれない。おそらくそうだろう。だが、森を散歩する代わりに投票したとすれば、木の代わりにフォードニ・マッカンバー関税法〔国内産業の保護を目的とする高率の関税法〕にぶつかったとすれば。そのときあなたは、真実を理解するためにどれほど多くの義務を彼に負わせようとするだろうか。結局、ほかのことを考えながらたそがれ時に森を散歩しているこの人は、私たち全員がそうであるように、そこで彼が思い描いている事実に直面し習ったとおりに義務を遂行していたのである。

生きとし生ける世界はある程度、物思いにふける教授の不器用さを分かちあっているらしい。調子はずれの胃を持つ動物は食べることの楽しみすべてを経験できるとパブロフは犬の実験によって示し、実験室で欺かれていることを知っているネズミやサルの数をしのぐのは民主主義の前途有望な市民だけである。心理学者が言うように人の反応は条件づけられる。したがって、ガラスの卵、おとりのカモ、有力者や政治方針にかなりたやすく反応する。そうであれば、現実の重大な出来事に道徳力を働かせているかどうか、彼らに知らせる道徳律はまったくない。というのは、ソクラテスがかつて指摘したように、効果のある徳目とは知識であり、正誤の規律は真偽の知覚に待たねばならないからである。

しかし、うまくいっている道徳律の習慣でさえ民主主義を解放できないだろう。あまりにも多くの道徳律がある。我々の社会の実際の生活において、それらは一般に標準として受け入れられている。しかし、ローカルな標準があまねく適用されることを求める政治思想家は、解決を試みるべき問題の一つを当然と思っているにすぎない。政治が生まれ、政治組織を必要とさせる条件の一つが標準の対立であるのに、判断について共通の標準に達することをおそらくは政治組織の目標とするからである。

善悪の判断はすべての人に共通するという思い込みから、自由になることの困難をわからせるには、ダーウィンのネコとクローバー〔アカツメクサ〕の話(9)がお勧めである。クローバーはマルハナバチによって交配され、したがって、より多くのマルハナバチは翌年のクローバーのより良い作付けを意味する。しかし、マルハナバチの巣は幼虫を好む野ネズミによって奪い取られる。よって、より多くの野ネズミ、すなわちより少ないマルハナバチとやせた作付けである。ところが村の近くではネコが野ネズミを狩る。そこで、より多くのネコとより少ない野ネズミ、より多くのマルハナバチとより良い作付けとなる。そして、優しい老婦人が多い村にはより多くのネコがいることだろう。

あなたが偶然ヒンズー教徒やベジタリアンではなく牛肉を食べる西洋人なら、牛のためにクローバーの牧草地を作っているマルハナバチを滅ぼす野ネズミを狩るネコを飼っている老婦人を称賛するだろう。もしあなたがネコでも老婦人を支持するだろう。だが、あなたが野ネズミなら、世界のこの地域における正しさと誤りはなんと異なることか！　ネコを飼っている老婦人はトラをペットにする魔女と同じくらいの思いやりしかないように思われ、老婦人ペリルは野ネズミ安全連盟によりヒステリックに討議されるであろう。どうして愛国心あるネズミが、マルハナバチが野ネズミのために幼虫を生産する以外の目的で存在するというふうに、世界を考えるだろうか。そんな世界には法も秩序もないようであり、極めて哲学的なネズミのみが「無秩序という考えは、言葉の便宜上現れるものであり、望むものとは異なる秩序を見つけたときに心が抱く失望のことである」(10)とするベルグソンを容認するだろう。我々が良いと認めている秩序は、我々の必要性や期待、習慣に適した秩序である。

我々の期待は全世界に通じる永遠、不変なものではない。我々はレトリックとしてしばしばそれを使う。しかし具体例を挙げ、なぜ我々が望むものが正義なのか説明することは容易ではない。農家がいつもどおり加工食品を購入できないとすれば、無秩序であり問題がある。しかし、一九二五年の小麦一ブッシェル〔約三六リットル〕が一九一三年に比べてより多く、あるいは同じだけ、あるいはより少ない製品と交換可能かどうか、それを決める何か絶対的な標準はあるのだろうか。どれだけ速くどれほどの量で、農家やほかの階級の生活水準を上げるべきか、または下げるべきかを告げる原則をだれに決定できよう。示された賃金で働く労働者より仕事のほうが多いかもしれない。雇用者は不満を言い問題視するだろうが、賃金はいくらで労働力の過剰はどの程度の大きさであるべきか、それを告げるルールをだれか知っているのか。彼らが取ることのできる立場や賃金、職種より多くの労働者がいるかもしれない。問題は深刻だが、機械工、店員、炭鉱夫、銀行員、販売員に仕事を提供する義務が社会にどれほどあるのか、決定する原則はない。

製造業より農家の、賃労働者より雇用主の、債務者より債権者の、あるいはその逆の主張に独自の正しさを固守するには、極端な党派心と自己欺瞞が必要である。こうした利害の衝突が問題なのだ。それらは解決を必要とする。しかし、解決を正確に演繹できるモラルの見本はない。

次いで、生物学は政治的優秀さを交配する方法も、何が優秀なのかもわからないため、優生学が理想的な民主的市民、全権を有する主権者を生み出せないのだとすれば、また、学校教師が未来の問題を先取りできず、教育は市民を養成できないのだとすれば、そして第一に、具体的な場面で善悪は真偽の認識に依存し、第二に、普遍的な道徳律があるという仮定に依拠しているため、道徳が彼を左右できないのだとすれば、我々はほかにどこで有能な市民を育成する方法を見いだすのか。十九世紀の民主主義の理論家は、見込みある多数者という考えにいまだ影響を及ぼす、いくつかの処方箋を持っていた。

民主主義の悪弊に対する治療法はさらなる民主主義であるという格言に、ある学派は改良の基礎を置く。それを手に入れさえすれば、大衆は賢く良きものになると決めてかかった。発議権、国民投票、リコール、上院議員の直接選挙、直接予備選挙、裁判官の選定などにより、可能な限り投票権を拡大することを提案した。思うように輿論の存在が確認できなかったので、彼らは問題をはぐらかした。一八九六年のブライアンの選挙キャンペーン〔民主党のウィリアム・ジェニングズ・ブライアンは投票権の拡大を訴える人民党の指名も受けた〕から、この学派は多くの州において大いに勝利を収め、連邦政府に深い影響を及ぼしてきた。有権者は一八九六年から三倍となり、投票者の直接行動は桁外れに拡大された。それでもなお同時期に、大統領選挙における一般投票の割合は一八九六年の八〇・七五%から一九二〇年の五二・三六%へ減少を見た。どうやら「すべての人民」が積極的に政治に参加することを望んでいるという、この学派の最初の前提に誤りがあるらしい。事態の成り行きを左右する実感が参加者にあるという証拠もない。党の組織はすべての攻撃をしのいできた。では、いったいなぜ彼らは投票しないのか。時間も関心も知識もないため、日々の問題について投票者が詳細をつかめていないのだとすれば、しきりに意見の表明を求められ、より良い輿論を持てるはずがない。彼らは戸惑い、うんざりし、進んで話を合わせようとするだけである。

自ら革命家をもって任じるほかの学派は、民主主義のしらけを資本主義のせいにしてきた。財産は権力であり、投票権同様、経済力が広く分配されるまで参政権に効果はないと主張した。個人によって行使される社会的影響力の重みが、抽象的な法的市民権より財産による名声に深い関わりを持つという社会主義者の前提を、本気で争う学者はいないだろう。しかし、公共設備の所有権を集約することで経済力を分配できる、また選挙や国民投票による産業生活の浸透が適切な大衆の判断を生むという社会主義者の結論は、再び論点をはぐらかしたかのようである。いっそう多くの出来事を投票にさらすことが、人々のこれまで隠されてきた分別や技術的能力、公的な関心を明るみにするという、いかなる理由があるのか。社会主義者のスキームは、すべての人々に能力があるという民主主義についての神秘的な誤りに由来し、その頂点において、気楽に生み出された市民権がいまでも背負いきれない重荷に新たな仕事を加えることになるという、同毒療法の誤りに苦しめられる。社会主義の理論は、絶え間なく飽くことなき市民の義務、ただでさえ複雑な政治的利害の途方もない複雑さを前提とする。

こうした各種の救済策、優生学、教育、倫理、人民主義者、社会主義者のすべてが、有権者に事態の成り行きを左右する生来の能力があり、理想に向けて邁進すると決めてかかるのである。私はそれを間違った理想であると思う。望ましくないというのではない。太った人がバレエダンサーになろうとするがごとく達成できないというのである。理想はその本来の可能性を表現すべきである。そうでないとき、それは本来の可能性を歪曲する。私の考えでは、全権を有する主権者としての市民という理想は、そのような誤った理想である。その追求は誤解を招く。それを達成することの失敗が、今日の幻滅を生み出した。

個人は公的な事柄すべてに意見を持つわけではない。公的な事柄を指図するやり方もわからない。何が起きているのか、なぜ起こっているのか、何が起きるべきなのかわからない。彼がどれほど知りえたか私には想像できず、民衆の無知を結集すれば公的な事柄に持続的な指導力が生まれるとする神秘的な民主主義者の考えには、まったく根拠がない。

第3章　代理人と傍観者

一

投票者という資格を得たとき、市民は依然として自分が理論上の統治者であることに気がつく。五〇万人の連邦公務員や無数の地方公務員を抱える複雑な組織を、彼は作った覚えがない。ほとんど見たこともない。気づかないうちに契約や負債、条約や法律に縛られている。政府の仕事についてだれが何をするのか、毎日決めているわけではない。断続的にその一部を知るにすぎない。たまに投票ブースに立つとき、彼は現実的な選択肢を見分け、理解できる何ものかを約束する政党を支持する極めて知的で公共心ある選挙人となる。

実際の統治は、特定の個人による特別な問題に、多くの妥協を成立させる。これらはまれにしか一般市民の目にするところとならない。次の選挙までの長い合間、政治家や公務員、彼らと合意する有力者によって政府は営まれる。民衆はこうした妥協を目にし判断し、たまに影響を与える。継続的な輿論の働きというには、対象があまりに膨大、複雑にして曖昧である。

厳密に言えば、政府の日常業務を行う人々に、有権者という巨大な集団に対する説明責任はない。特別な場合を除き、直接利害関係を持つ政治家や公務員、有力者にのみ責任を負う。現代社会はだれにとっても見えにくく絶えず全体像がつかみにくい。ある部門はほかの部門から見ることができ、ある行為はどこそこのグループにとってのみわかりやすい。

この程度の責任ある理解にさえ、広範囲で複雑なものを調査する機関の発達を待たねば到達できない[11]。こうした機関は一般社会に間接的で付帯的な支援しか与えない。その成果はおざなりな読者にとってあまりに難解である。またほとんど常にあまりにも面白くない。自らの内部的管理の必要性から、また、ほかの企業グループの強い要求によって政府の部門、企業、労働組合、事業者団体が自らの行為を記録し測定し公表し、それらに責任を負うことを強要されているのでなければ、実際、専門家や統計的測定に対する世間一般の退屈や軽視は、現代の出来事を管理する情報機関をおそらく一顧だにしないだろう。

単なる広報ではなく、絶え間ない広報が大社会において必要であることは争うべくもない。しかし、公表の目的をすべての投票者に可能な限り情報を与えることであると思い込むなら、その必要をひどく誤解することになろう。我々は公にされる説明のほんのさわりで生活している。だが、事実は好奇心をはるかに超えている。例えば、鉄道会社が決算を報告する。我々はその成果を読むだろうか。めったに読まない。その辺の管理職や、銀行員、管轄の役人、運送会社の代表などが読むくらいである。残りの我々は、ほかにすることがあるという、もっともで十分な理由を持ってそれを無視する。

知らぬ間にドアの前を通り過ぎる報告書や、新聞に掲載された特電のすべてを読むように人は生活していない。ラジオの発達により、だれもがあらゆる所で起こるすべてのことを見聞きできるとして、言い換えれば、広報が完全無欠になったとして、減債基金委員会や地質調査を見てすごす時間がどれほどあるというのか。おそらくイギリス皇太子にチャンネルを合わせるか、あるいは絶望してスイッチを消し蚊帳の外に平和を求めるかであろう。多方面から情報の集中砲火を浴び、心の中に喧々囂々の演説や議論、脈絡のない挿話の受け皿を用意することを余儀なくされる生活は、日暮れに印刷された朝刊と明け方の夕刊、九月付の十月号、映画、ラジオを伴う今日、十分に悪化している。輿論を啓発するための一般情報は、まともな知性にとってまるで漠然としすぎている。木々の葉をすべて神経質に数え上げ、全知を追い求めるにはあまりに人生は短すぎる。

二

常に全員が政府の全プロセスを理解せねばならないとすれば、世の中の仕事はどう考えても立ち行かなくなるだろう。人は社会のすべてを思いやろうとはしない。農夫は小麦とトウモロコシのどちらを植えるかを決め、機械工はペンシルベニアとエリーのどちらの店で職を得るか、フォードを買うかピアノを買うか、エルム街のガレージで買うかチラシを送ってきたディーラーから買うかを決断する。これらの決定は、彼に与えられた相当狭い選択の一つである。世界中のあらゆる女性との結婚を考えられないように、仕事を世界中のすべてから選択できるわけではない。これら細かな選択の積み重ねが社会における政治である。それらは無知、あるいは賢明な意見に基づくのだろうが、偶然または科学の導きによってそこに至るにしても、よくて少数の具体的な選択肢のあいだにある特別、特殊なものであり、一定の目に見える結果へと導かれる。

しかし人は、社会の一般的な行いについて公的な意見を持つはずである。機械工はペンシルベニアとエリーのどちらで働くかを選ぶのみならず、国民の関心事として、どれだけ国の鉄道を統制すべきかを決定することになっている。二つの意見はわずかに他方と溶け合い、人は個人の決断に影響を及ぼす一般的な考えと、その一般的な考えを無意識に左右する直接経験を持つ。それでもなお特殊と一般、直接と間接に二つの意見を分けることは有益である。

特殊な意見は、就職、特定の仕事、採用や罷免、売り買い、ここに留まるかそこへ行くか、受け入れるか断るか、命令や服従といった直に手を下す行為を導く。一般的な意見は投票、決議、称賛、批判、褒めたり貶したり、視聴者、発行部数に支持者、満足や不満足といった、ゆだねられ間接的で象徴的な実体の伴わない結果を生ずる。特殊な意見は人が持つ個人的な権限の範囲内、言い換えれば、法や慣習、個人的な力と欲望によって定められた限界の中で行為を決するよう導くだろう。しかし、一般的な意見は投票のように、ある種の表現に至るものでしかなく、数多くの他者と一般的な意見を分かちあうことを除けば、実行的な行為をもたらすことはない。

数多くの一般的な意見が、漠然として紛らわしい寄せ集めであることはほぼ確実であり、こうした意見が因数分解され筋道をつけられ要約して形を整えられるまで、行動をとることはできない。数多くの雑多な希望から一般意思を作ることは、社会哲学者の多くが考えるようなヘーゲル哲学のミステリーではなく、指導者や政治家、運営委員会によく知られている技である。[12] それは本質的に、思想から切り離された感情を集合させるシンボルの利用にある。感覚は思想ほど特殊ではなく、にもかかわらずより痛烈であるため、指導者は異質な大衆の欲望から同質なものを作り出すことができる。したがって、一般的な意見に協力をもたらすそのプロセスは、感覚の強化と意味の剥奪から成り立つ。大衆の一般的な意見が実際の行為に至る前に、選択肢は少数の代替案にまで切りつめられている。勝利を収めた代替案は、大衆ではなく、そのエネルギーを統制する個人によって執行される。

家を建てようと決め、次いでどのように建てようかと多くの判断を下すように、補足的な意見が連なると、私的な意見はまったく複雑となり、その結果まったく複雑な行動をとるだろう。しかし、輿論はこのような直接的な責任や絶え間ない結果を伴わない。紙切れに鉛筆で印を付け、それから一、二年後、同じ欄か隣の欄に印を付けるかどうか、それまで政治を静観するように誘導する。印を付けるという決断にはa1、a2、a3……anといった理由があるかもしれない。とはいえ、ばかが投票しようが天才がしようが結果はAになるのである。

多かれ少なかれ互いに異なる見解を抱いているにもかかわらず、大多数の人々は行動するためにまったく同じ結果へと収束せねばならない。より多くの複雑さ、人々の集合、希望が一つの単純で共通の理念とならねばならない。

三

十九世紀のあいだ英語圏の国々において、人の個人的な行動と大衆のそれとの違いは大いに強調されてきた。それでもなお、かなりの誤解がある。例えば、一八三二年の選挙法改正法案〔中産階級に選挙権を与える法案〕について、マコーレー〔トーマス・バビントン・マコーレー、一八〇〇―五九。イギリスの歴史家、政治家〕は私的な事業と公的活動に伝統的な区別を設けた。「個人の知性、知識、産業、勢力に頼るものすべてにおいて、この国は古今世界中の国々に傑出している。だが、国家に属するもので我々がこうした優越を主張できるものは何もない……美しさ、完全さ、速さ、正確さといった我々の工場に見られるすべての過程と、違反を罰し権利を守る政治組織のぎこちなさ、未熟さ、遅れ、不確かさとのあいだにある違いより大きなものがあろうか……確かに、我々は十三世紀の野蛮さに十九世紀の高度な文明を並べてみて、野蛮さを政府に文明を人民に属するものと見ている[13]」。

もちろん、マコーレーはビクトリア女王の叔父や大酒飲みで乗馬好きの地主階級が統治していたイングランドにおいて、工場生産と政府の対照を考えている。しかし、プロイセンの官僚制は、政府と私人の行動に違いを認める必要性がないことを存分に示した。違いは大多数の民衆による行動と、彼らなしで推移する行動とのあいだにある。

基本的な違いは、公共事業と私的事業、「群衆」心理と個人にあるのではなく、特殊なことをする人々と、一般的な結果を見渡そうとする人々とのあいだにある。世界の仕事は、耕しては植えて刈り取り、建てては壊し、これをそれに合わせ、ここからそこへ行き、AをBに変え、BをXからYへ運ぶという実行力を持つ人々の無数の具体的行為によって運営されている。特殊なことをする個人同士の関係は、交換、契約、慣習、暗黙の了解といった非常に入り組んだ仕組みによって釣り合いを保たれている。仮にも人が仕事を遂行するとき、その過程と責務の本質は理解するよう学ばねばならない。しかし、投票や意見表明により他者の働きを左右することにおいて、彼らは結果に報いるか罰するか、与えられた代替案を受け入れるか拒絶するかしかできない。なされたことや提案された何かにイエスやノーを言うことはできるが、創造したり、執行したり、思っていることを実行に移すことはできない。輿論を口にする人々は、時折、人の行為を限定することはできるだろうが、彼らの意見がそれらの行為を遂行することはない。

四

実際の行為という領域に対し、公衆の一員として、我々一人一人が無関係であることに変わりはない。我々の輿論はまさにその特性によって、いつも永遠に、外部から他者の行動を統制する試みである。結論として我々がつかんだ最大の意義は、私が思うに、正しい視点から輿論の役割を特定する方法を見いだしたことである。我々は民主主義のドグマを受け入れるのではなく、その幻滅を説明する方法を心得、実際に到達できる輿論という理想のおおよそを理解し始めたのである。

第4章　公衆がすること

一

輿論について、ほかに達成できる理想がまったくないと言うつもりはない。この小論が明らかにする徹底的に実践的なものがある。あるものは魅惑的な幻想、自然界、精神世界で人の心を豊かにしようと努め、天空にオリンポス、世界の果てにアトランティスを用意するだろう。その考えの質が良好で平和をもたらしさえすれば、事態が政府を動かすかどうか、それがどれほどかは問題にならないと主張するだろう。

ユートピアや安息の境地は定義上、それなりに十分な動機があり、それを想うことは事の作用を制御するささやかな試みを放棄するだけの価値をもたらすかもしれない。しかしながら放棄はすべての人に許された贅沢ではない。実定法によらず、少なくとも説得によるというのであれば、なんとかして他者の振る舞いを統制しようとするだろう。人が事に当たる姿勢にあるとき、彼らは公衆であると私は定義する。他者がどのように振る舞うべきかについての意見が輿論である。公衆にできることとできないことを明確に理解すれば、その内なる力を効果的に利用でき、人の自由を妨げることも少なくなろう。

輿論の役割は、問題との関係が外在的であるという事実により決定される。意見は意見に影響を与えるが、それ自体は実行的な行為を統制しない。輿論は投票、賛否の表明、支持または排斥により表現される。しかし、これらの示威行為はそれ自体何ものでもない。事の成り行きを左右するときにのみ重きをなす。ただし、事の当事者に影響を与える場合にかぎり影響力を持つ。輿論の限界と可能性について我々が持つ手がかりは、私が信ずるに、輿論と公的な事柄とのこの第二の間接的な関係にある。

二

公職にある人々をほかと交代させる選挙が第一の直接的な輿論の表明であるというのは、即座に反論を加えられるだろう。しかし、実際、選挙とは何か。我々はそれを民意の表明であると言う。だが、そうなのか。投票ブースへ行き、二人あるいはおそらく三、四人のうち一人の名前に印を付ける。我々は合衆国の公共政策に考えを表明したのだろうか。我々はああだこうだと言いながら、あれやこれやに数多くの考えを抱いていることだろう。確かに、紙切れに印を付けることはそれらの表明ではない。考えの表明には時間がかかるだろう。投票を心中の表明とするのは中身のないフィクションである。

投票は支持の約束である。私はこちら側でこれらの人々につく。彼らに協力する。従う。買う。拒否する。叩く。喝采する。やじる。私が行使できる力はここにあって、そこにはないという表明である。

公衆が候補者を選び政綱を書き政策をまとめないのは、自動車を作ったり芝居を演じたりしないのと同じである。自らを売り込み、約束を交わし、芝居をプロデュースし、自動車を売っているだれかに自分を合わせるか逆らうかである。集団行動は持てる力の動員である。

その試みは生来のモラルや知的美徳を多数決によるものとしてきた。十九世紀、神の声である多数派には計り知れない賢明さがあると言われた。この甘言は時に誠実な神秘主義であり、権力の理想化に伴う自己欺瞞であった。実質、王の神性の新たな主権への転換にほかならなかった。それでも、集団の五一％に徳や知恵を依存するという、持って生まれたばかばかしさは常に明らかであった。ばかげた主張の実用化は、多数決の運用とは無関係に、少数派を保護するための公民権のあらゆる規約、学芸への助成や人道的関心をそそる諸々の洗練された手段をもたらした。

政治において多数決の正当性は、その倫理的卓越に見いだされない。それは、数の力に文明社会をゆだねる純然たる必要性に見いだされる。私は投票を兵役や団結、動員と呼んできた。これらは軍事的メタファーであり、当然そうであってよい。私が思うに、多数決に基づく選挙は、歴史的、実践的に昇華され変性した内戦、肉体的暴力を伴わない机上の動員だからである。

多数者を理想化しない立憲民主党は、投票用紙を弾丸の文明化された代わりであると認めていた。「フランス革命は」とバーナード・ショーは言う。「支配者を暴力で倒し、異なる利害、異なる見解を持つ者に代えた。人民が望むならイングランドでは七年ごとに総選挙が可能である。したがって革命はイングランドでは国家の制度であり、イギリス人にとって断りの必要はない(14)」。人民が戦うか投票するかでは、もちろん大きなへだたりがある。しかし、戦闘の代わりになると考えるなら、我々は投票の性質をより良いものと理解するだろう。「十七、八世紀にイングランドで起こり」とモース教授〔アンソン・ダニエル・モース、一八四六―一九一六。アメリカの歴史学者〕の本の前書きでドワイト・モロー〔一八七三―一九三一。アメリカの銀行家、駐メキシコ大使〕は言う。「革命の代わりになる政党政治という手続きは、イングランドから世界中の文明化された政府にもたらされた(15)」。ハンス・デルブリュック〔一八四八―一九二九。ドイツの歴史学者〕は簡潔に述べる。多数決の原則は「純粋に実践的な原則である。内戦を避けたいなら、いずれにせよ争えば優勢となり、多数となる者たちにそれらのルールを採らせる(16)」。

だが、本質的に選挙は昇華された戦争であるとはいえ、昇華の重要性を見失わないよう注意せねばならない。兵役に就くことができない人々の資格を奪いたい知ったかぶりの理論家がおり、共同体における軍事力の団結を表す選挙の価値をゆがめるものとして、女性参政権は遺憾とされてきた。こうした理論化は問題なく無視できる。というのは、歴史的由来が武力の団結にあるとはいえ、選挙制度はあらゆる力の団結となってきたからである。軍隊との素朴な連想がほとんど失われた先進的な民主主義においても、団結であることに変わりはない。黒人が力によって公民権を奪われ、選挙で影響力を振るうことが許されない南部で、それは失われていない。すべての選挙がいまだ暴力革命にある不安定なラテンアメリカ諸国においても、それは失われていない。中央アメリカにおいて、革命から選挙への移行は政治的進歩のテストであると宣告することにより、合衆国は公式にこの事実を認めてきた。

公衆がすることは意見の表明ではなく、提案に協力するか反対するかである。この理論を立証する必要以上に、私は議論を長引かせるつもりはない。この理論を受け入れるなら、民主政治は人民の直接的な意思表明になりうるという考えを放棄せねばならない。人民が統治しているという考えを捨てねばならない。代わって、多数者としての時折の動員により、人民は現に統治する個人に支持あるいは反対を与えるといった理論を採用せねばならない。人民は絶え間なく指図するのではなく、時折、介入するのであると言わねばならない。

第5章　恣意的な力の中和

一

前章に述べたことが公的活動の性質であるなら、それに一致するいかなる理想を定式化できるのか。

その理想をこれ以上通分できない形で表し、ことによるといつの日か遠い将来、非凡な集団によって現実のものとなるような理想ではなく、ふつうに教えられ到達できる理想として述べる義務があると私は思う。公衆がなしうることを見積もるにあたり、手堅い政治理論は安全という最大要因を強調せねばならない。公的活動の可能性は控えめに語らねばならない。

公的活動は原則として、公衆の支配下にある力を合わせることで、折にふれて事態に介入することに限定されると我々は結論づけた。次に我々は、公衆の一員が内情を知らず関係者の視点を共有していないと想定せねばならない。それゆえ、彼らは意図を理解できず、正確に状況を見極め、行為者の意向に親しく接することができず、議論の詳細に分け入ることもできない。共感を向けるべき場所を表す粗雑な合図しか見ることができない。

公衆の一員は危機が明らかになる前から問題に対処しておくことはなく、危機が過ぎた後々まで問題を引きずることもないということを、我々は前提とせねばならない。先立つ出来事を理解せず、その進展を見てきたわけでもなく、問題を考え抜き意図したのでもない。計画を実行し結果を予測することもできないだろう。公衆の一員として人はふつう物事に精通せず、関心も持続できず、党派的で非生産的、人任せであるという民衆政治の確固たる理論的前提を想定せねばならない。公衆は関心が未熟で断続的であり、はなはだしい違いのみを見分け、目覚めるのに遅く注意をそらすのが速い、団結することで行為するため、考慮に値することは何でも個人的に解釈し、出来事が対立しメロドラマ仕立てになったときにのみ関心を抱くということを、我々は当然と思わねばならない。

公衆は第三幕の途中に到着し最終幕の前に立ち去る。おそらくだれがヒーローでだれが悪役か、判断するのに必要なあいだだけ留まるのだろう。その上、振る舞いの一部、状況の一面、非常にいい加減な見てくれの証拠に基づき、たいていその判断は真価とかけ離れ、やむをえず下される。

そのため我々は、社会を明確な目標に導く安定的で創造的な力として、また着実に社会主義に向かわせ、あるいは遠ざける、ナショナリズムや帝国、国際連盟ほか教義上の目標へ向かわせる力として輿論を考えることはできない。人々がそれらの問題に賛同しないからであり、正確には公衆の注意を喚起するというのは問題の発生、すなわち同意の欠如を意味するからである。その上、人々が相容れない目的を持つにもかかわらず、あなたや私がたまたま権威ある代弁者となり、人類は包括的な目的を持つと主張することに根拠はない。その主張は、何か深い意味で救世主的な力であると公衆を結論づける輪の中へ、入るべきだと言うにすぎない。

二

世の仕事は輿論の意識的な指示なしに進み続けている。ある局面で問題が発生する。こうした問題の危機にのみ輿論は関係する。その目的は危機の沈静を助けることにある。

私はこの結論を避けられないものと思う。民衆の活動目標が真善美の判断や促進にあると信じたいだろうが、ふだんの経験からしてその信念を維持することはできない。危機に直面した公衆のほとんどは、何がその場の特殊な真実、正義なのかを理解できず、人々は何が美しく良いものなのか合意を得ることがない。公衆が悪弊の存在に決起することはない。いつもの生活を邪魔されることで明らかとなった害悪により目を覚ます。そして最終的に問題は、我々がたまたま取り決めた正義がなされたときではなく、危機を克服する実際的な調停がまとめられたとき注意を引かなくなる。こうしたすべてが輿論に必要な作法でないとすれば、また、関係する問題すべてに正義の真剣な十字軍であらねばならないとするなら、輿論はいつでもあらゆる状況に対処せねばならない。それは不可能である。望ましくもない。正義や真善美の判断を、世間で少しも期待されていない輿論の発作的でむきだしの介入にゆだねるからである。

それゆえ我々は、問題の実質を扱い、実用上の決定を下し、正義を試み、道徳的戒めを押しつける暗黙の義務から輿論を解き放つ。代わりに次のように言う。輿論の理想は、危機を収拾できる個人の行動に賛意を表すように、問題の危機に際して人々を団結させることであると。こうした個人を見分ける力が輿論を養う努力目標である。公的活動を容易にするためにデザインされた調査の狙いは、こうした個人を見分ける明確な合図の発見にある。

論争が実用的な社会的ルールを支持する側にあるか、実施困難なルールを攻撃しているか、あるいは有望な新ルールを提案しているかどうか、大まかで単純、客観的なテストによって明らかにするとき、その合図には意味がある。こうした合図に続くことで公衆はどこで提携すべきかを理解する。このような提携において、それが真価を判断するものでないことを思い起こそう。何となくの意思に従い解決に支持を表明する側ではなく、明白な振る舞いのルールに従う調停を支持するような、客観的な合図に準ずる側の処置にその力を置くだけである。

この理論で輿論は、危機に際して公的な事柄に行動をもたらす予備の力である。それ自体は理性のない力であるが、有望な組織や手堅い指導力、まともな訓練の下で、輿論の力は野蛮な断言に対し実用的な法の側に立つ人々の処置にゆだねられるだろう。この理論において輿論は法を作らない。だが、不法な力を中和することにより立法可能な条件を整えるだろう。それは判断や調査、発明、説得や取引、解決をなすものではない。しかし、攻撃的な党派を抑えることで知性を自由にするだろう。最高に理想的な輿論は、自らの意思を主張するだけの人々の妨害的な力に対し、理性に基づき行為する用意のある人々を擁護する。

輿論の最高の活動が理性に代わる絶え間なき十字軍ではないことに注意しよう。説明を要しない純然たる権力が危機を招くことなく君臨するとき、輿論はそれに挑戦しない。だれかが最初に専制権力に挑戦せねばならない。公衆は彼の支援者になれるだけである。

三

思うに不法な力の中和は、輿論が有効になしうる精一杯のことである。輿論は一般に問題の本質に対して何もできない。わけもわからず暴力的に干渉するにすぎない。干渉する必要性はない。事態に現に関係している人々は実質を扱わねばならないが、間接的な関係において、賛否を口にし紙に印を付けることしかできないとき、他者が自らを主張できるように手を貸すのであれば、彼らは十分にできる限りのことをしたのである。

輿論がじかに統治しようとするとき、それは失敗か専制となる。大規模な衝撃でもない限り、知的に問題に通じることも対処することもできない。人民の意思と政府の機能を同一視する民主主義の理論は、この真実を認めてこなかった。これはフィクションである。何十万もの官僚を通して法律を作り執行する複雑な仕事は、決して有権者の行為ではなく意思の翻訳でもない。

政府の行為は輿論の翻訳ではないのだが、しかし、政府の第一の機能は、輿論がさっに何もかも発作的にするところを、具体的により詳しく継続してするところにある。社会に実用のルールを適用する。それを解釈する。ある種の違反を見つけ罰する。新たなルールの枠組みを取り仕切る。それは不法な力を打ち消す力を組織化してきた。

輿論と同様の腐敗に見舞われることもある。直接利害関係を持つ党派同士、同意による調停が安定するよう介入することに代わり、政府が役人の意思を押し通そうとするとき、それは高圧的で愚か、横柄で略奪的にさえなる。公務員は新聞の読者より問題を理解しやすい立場にあり、はるかに行為しやすいとはいえ、介入する現実問題に対し基本的にはまだ外側にいるからである。外側にいることで彼の視点は間接的であり、それゆえ行動は、直接責任ある人々を間接的に支援するときに限りもっとも適切なものとなる。

したがって、人民の意思を表明するものとして政府を描くことに代えて、上訴では発作的な輿論となる問題を一審で専門的に処理する、ある者は選ばれ、ある者は任命された数多くの公務員で成り立つと言ったほうがよさそうである。直接責任を負う党派が調整を働かせないところでは公務員が介入する。役人が失敗すれば輿論が問題に関与する。

四

また、間接的な支援は我々の問いかけが示す公的活動の理想である。ある問題でたまたま公衆である人々は、同意により直接到達できる解決に均衡をもたらすことだけを試みるべきである。介入、創造、実行、正義を試み、法律や道徳律を制定し、技術や実質を扱うという世の仕事を担う重荷は輿論にあるのではなく、政府にあるのでもなく、代理として責任を持って事にあたる人々に横たわる。問題が生じるところでは、関係する特殊な利害による解決が理想である。彼らだけが何が本当の問題であるかを理解している。公務員や電車で見出しを読む通勤者の決断が、一般に長い目で見て、利害を持つ党派間で同意によって解決されること以上に優れていることはない。道徳律、政治理論は一般に長い目で見て、輿論の高みから課せられることは決してなく、恣意的な力を無力にする直接の合意ほど実情に見合うこともないだろう。

妥協せざるを得ない人々が互いに寛容となれるように、危機に際して力の使用を監視することが輿論の機能である。

第Ⅱ部

第6章　アリストテレスの尋ねた疑問

これら結論は、人民の政府という広く受け入れられた理論と著しく食い違っている。その理論は、事の成り行きを左右する公衆がいるという信念に基づく。このような公衆は幻にすぎないと私は考える。それは抽象なのだ。鉄道のストライキについて、公衆は鉄道で便宜を得る農民かもしれず、農作物の関税について、ストライキ中の鉄道員が公衆に含まれるかもしれない。私の見るところ、公衆は個々人の安定した集団ではない。事態に関心を抱き、行為者に賛否を示すことでのみ影響を及ぼせる人々にすぎない。

こうしたとりとめのない公衆が論争の利点を活かせるとは思えない。追うことができ、簡単に見分けがつく上、適切でもある合図がある場合に限り、彼らは良いと思えるもっともな確信を支持することができる。そんな合図はあるのか。見つけられるのか。教わって使えるように示されるのか。第II部の各章はこれらの問いに答える試みである。

その合図は問題の本質を見抜く力がなくても認識できるような特徴を持つに違いない。その上、問題の解決に関連がなければならない。解決を促すにあたり、もっともよく手を取り合えるところで公衆の一員に告げられる合図であるはず。要するに、無知な人民に向けたもっともな行動の指針であるに違いない。

環境は複雑である。人の政治能力は単純である。二つを橋渡しできるだろうか。偉大なる七番目の著作『政治学』においてアリストテレスが提起して以来、その疑問は政治学につきまとってきた。彼は次のように答えた。市民の才能に見合うよう共同体は単純で小さく維持されねばならない。大社会に住む我々が彼の助言に従うことは不可能である。正統派の民主主義者は、輿論に限りない政治能力があると決めてかかることで、アリストテレスの疑問に答えた。一世紀にわたる経験は我々にこの前提を否定させる。その古き疑問に我々は答えられない。アリストテレスのように大社会を拒むことも、民主主義者のように市民の政治能力を過大視することもできない。極めて単純な手段で高度に複雑な事柄へ効果的に作用する方法を人は見いだせるのか、尋ねざるをえない。

私はこの問題が解決されるほうに賭ける。環境の複雑さと人間の働きの単純さを首尾よくつなげる原則が明らかにされると考えるほうに。ここで言わんとするのが、こうした原則の最終宣告でないことは言うまでもない。研究によって発展可能な、よくてせいぜいいくつかの例証を伴う手がかりにすぎない。しかし、かなりの確信でさえ、問題は常に存在するという困難を思えば無謀であるように見える。だから私はデカルトを引き「結局、私は間違っているかもしれない。金やダイヤモンドと思い込むそれは少量の銅やガラスにすぎない(17)」と書き足しておく。

第7章　問題の性質

一

あなたの全経験は世界の一部を垣間見ることに限られるという、ややデカルトの精神で仮定することから始めよう。あなたの視野に良きも悪きも、善人も悪党も、愛国者も利得者も、保守も革新もないと思う。あなたは完全に中立である。そのように物事を感じることであなたは、山並みが波頭より長く持ちこたえ、人々は動き回るが木々はそうでなく、雄弁家の叫びはナイアガラの轟音よりすみやかに消え去ることを考えもしない。

経験の途上で、あなたは物事の変わりなさに違いを認め始めるだろう。昼や夜はわかっても、おそらく冬や夏、空間の変化や時の流れはわからない。そのとき、あなたが社会哲学を定式化したとすれば、間違いなくあなたは、そこで見た人々の振る舞いについて、いつも彼らはそうすべきであると、その日あなたが見たままに永遠にその特徴は変わらないのであると、結論づけるのではないか。その結果得られた論文は、国民、人種、階級、性別に関する同時代のいかなる論考の中でも、ほとんど顧みられることなく通用しないだろうか。

しかし、ヘラクレイトスをもって万物は流転するとついに告げるまで、印象の範囲を広げれば広げるほど、あなたはいっそうの変化に気がつくだろう。星や岩でさえ歴史があるように見えるなら、人や制度、慣習や習慣、理想や理論、政治は相対的にしか永遠ではないと思えるからである。あなたが初め不変と呼んでいたことは、ほかよりも少しゆっくり変化するため時間がかかって見えるだけだと結論づけねばならないだろう。

実際、性格をはじめ、人の一生にかかわる多彩な要素は変化しており、その上、同じ足並みで変化するのではないと、あなたは結論せざるをえない。生き物は異なる速さで繁殖し成長し学び年をとりくたびれて死ぬ。個人、仲間、代理人、組織、信条、必要性、充足の手段は不揃いに進展し持ちこたえる。時が来れば出来事が仲良く一致するなどということとはない。ある者は急ぎ、ある者は脱落し、ある者は押し分け、ある者は足を引っ張る。順位は常に刷新されねばならない。

十九世紀が安心を覚えた革命と進歩という一つの壮大なシステムに代わり、お互いまちまちの影響を与え、いくらかはつながり、いくらかは衝突し、基本的には自らの足並みでそれぞれの条件に従って動くおびただしい革命のシステムが現れた。

このむらのある革命の不協和が人類の問題である。

二

十九世紀の歴史を知らない者が、一八〇〇年から一九一八年の『現代アメリカデータ総覧』に集められた表を見れば、世界の人口が二・五倍に増え、商業は四二倍、積荷は七倍以上、鉄道路線は三六六四倍、電信は三一七倍、綿生産は一七倍、石炭は一一三倍、銑鉄は七七倍となることに気づくだろう。

こうした不揃いな変化の中で人々が劇的な社会問題に直面したことを、彼は疑えるだろうか。人々の仕事、労働の性質、望みや生活水準、野心における重大な変化を、これらの数字だけで推測できないだろうか。一八〇〇年に存在した政治体制がこうした新たな関係、慣習、作法とともに変化し、多かれ少なかれ自足的で安定した小さな共同体は新たな緊張にさらされて、おそらく徹底的に見直されたということを、正しく推測するだろうか。こうした冷たい数字に要約された変化に人々は生き、古い習慣や理想と衝突し、物質的な進歩に希望を抱きつつ、とはいえ多くの無秩序や精神的混乱を伴い、試行錯誤しながら進んだに違いないということを、表の背後に実態として想像するだろうか。

三

問題の性質についてさらに具体的な例として、簡潔に人口問題を検証してもよい。マルサスが最初に言及したとき、彼は異なる割合で進展する二つの要素を議論に想定した。人口は二五年ごとに二倍となり、土地の生産は同じ期間に「現時点の生産と同じ」分量だけ増やすことができるという。(18) 彼は一八〇〇年についてこう書いた。七〇〇〇万人と見積もられたイングランドの人口は、その数を満たすに十分の食糧をあてがわれている。一八〇〇年に問題はない。彼が見積もった増加率に従い一八二五年までに人口は二倍に増えたが、食糧もまた倍となった。人口に問題はなかった。だが、一八五〇年までに人口は二八〇〇万人にのぼり、食糧の供給は新たに七〇〇万人を満たすだけしか増えないだろう。過剰人口、こう言ったほうがよいなら食糧難の問題が発生するだろう。というのは一八〇〇年と一八二五年のあいだで手に入る食糧は同じであるが、不均衡な成長率のため、一八五〇年にはそれぞれに四分の三しか食糧が行き渡らないからである。マルサスが正しくも「問題」と呼んだ関係に改まった。

さて、一八五〇年に人々は食事を控えることを覚え、四分の三でちょうどよいと感じていたと仮定して、少しマルサスの議論を複雑にしてはどうだろう。二つの変数、食糧と人々の調節は満足のいくものであり一八五〇年に問題はなかった。あるいは逆に、必要にしてさらなる食糧が生産されないにもかかわらず、一八〇〇年の後まもなく、人々はより高度な生活水準を求め、より多くの食糧を期待したとすればどうだろう。新たな需要は問題を生み出したであろう。あるいは現実のように[19]、マルサスが想定するより速く食糧の供給が増大し、人口はそうでなかったとすればどうだろう。彼が予言した日に人口問題が生じることはない。また、人口の増加が産児制限により減少したとすれば。マルサスが最初に述べた問題は生じなかった[20]。人口が消費するより速く食糧供給が増大したとすればどうか。人口問題ではなく、農作物の過剰が問題となったかもしれない。

まったく静的な社会に問題はないだろう。問題は変化の結果である。だが、自足的環境に変化はない。違う速度で変化するほかの環境と比較するのでなければ、変化に気づくことはない。宇宙のすべてが分速一マイルで拡大するなら、あるいは縮小するなら、我々がそれを知ることは決してないだろう。ある瞬間に蚊の大きさで、次の瞬間に象の大きさだと神の目から言うことはできても、蚊や象や椅子や惑星が同じ割合で変化するなら、それを告げることはできない。変化は何かほかと関連してのみ意味を持つ。

問題を構成している変化は二つの従属変数の関係にある[21]。自動車が都市問題であるのは、自動車が多すぎるからではなく、道幅に比べて、有能な運転手に比べて多すぎるからであり、警察の現状での取り締り能力に対し、無謀な運転をする自動車が狭い道を埋め尽くしているからである。都市の古い道を広げるより速く自動車は製造され、分別やマナーを身につけるより速く人は自動車を手に入れ、警官を雇い訓練し納税者がそれを負担するより速く自動車が都市に集まるので、自動車問題は渋滞、不快な排気ガス、衝突事故によって目に見えるものとなる。

これらの害は自動車から生じるように見えるが、欠陥は自動車ではなく自動車と都市の関係にある。ささいなことにこだわるようだが、それに固執しない限り、我々が正確に問題を定義し、それをうまく解決に向かわせることは決してない。

例えば、必要な力の評価を印象に頼る幕僚が、国防問題に言及することは決してない。必要な力は仮想敵との関係においてのみ見積もられ、平和か戦争かという軍事問題は常にその比率に横たわる。軍事力は純粋に相対的な概念である。英国海軍はチベットの非武装山岳民に対し赤子同様なすすべがない。フランス陸軍は太平洋の小型漁船に対し無力である。トラやサメが相互に比較できないように、力は対象に対して測られねばならない。

さて、軍事的平和の状態とは、相反する力の安定し容認された比率である。したがって、競合し常に不均衡な比率は戦争の序曲となる。カナダ軍と我々は等しいというより、幸いにも比較しないため、カナダとの国境に軍事問題はない。互いに関連のない独立変数であり、他方の変化が他方に影響を及ぼすことがない。主力艦について、我々は英国と日本、二つの比較可能な勢力と条約により比率を定めているため、大西洋や太平洋で現在直面する海軍の問題はない。[22] だが、あらゆる種類の艦船を比率の前提としていないため、海軍の問題は両大洋に残っており、もしワシントン条約〔主力艦保有率を定めた軍縮条約〕が失効するなら解決していた問題は再発するであろう。三つの海軍の同調的発展が、ほかに照らして相対的に不均等な発展に取って代わるため再発するのである。

四

経済活動の領域は多くの問題の源泉である。カッセル〔グスタフ・カッセル、一八六六―一九四五。スウェーデンの経済学者〕の言う[23]「ふつう限られた量においてのみ適えられる」人の欲望を満たす手段という意味を、我々が経済という言葉に含めているからである。「文明化された人間の欲求は総じて」実際的な目的のすべてに対し「際限がない」ので、すべての経済生活で「欲求と欲求を満たす手段とのあいだに折り合い」をつける不断の必要性がある。需要と供給のこの不調和は終わりなき問題の源泉である。

経済学者が人の欲望とそれを満たす手段の折り合いについて、そのすべてを専門としていないことに、我々は即座に気がつくだろう。例えば、人間は呼吸する必要があるということをふつうは省略する。必要とされる空気の量は無限であるため不満を持たれない。また、必要とされない余った空気が人々の生活を脅かすことも決してないからである。それでも、例えば住宅密集区で空気が欠乏するかもしれない。今度は、いわば一人当たり何立方フィートかの空気を要求する法律を作ることで対応せねばならないような経済問題が発生する。つまり、経済学者は人の欲望と利用可能ではあるが量的に限られたそれらを満たす手段との不適応に関心領域がある。すべての欲求が満たされ、あるいは人が欲望を持たず、気持ちを切り替えることで補えるだけの、いかなる世界においても問題は存在しない。問題を引き起こすには、欲望とそれを満たす手段、少なくとも二つの別々の従属変数がなければならない。これら二つの変数は元の均衡が崩れるように変化する性質が必要である。

カッセルは言う。経済制度が欲望とそれを満たす手段との調整に成功する度合いを、我々は経済的であると呼ぶ。「この仕事は三つの異なる方法で成し遂げられるかもしれない。第一に、重要性の少ない欲望をふるい落とし全体を制限することで、第二に、問題の中で目的に適う最良の手段を使うことで、第三に、個人的な努力を増やすことによって[24]」。

問題が需要と供給の不一致から生じているとすれば、その解決は需要の制限、あるいは供給の増大に見られることになる。方法の選択は第一に特殊な実情に合わせられること、第二に容易で望ましい可能性を考慮することにかかっている。どちらの方法も我々が解決と認めるものを与えるだろう。二つの変数がどちらの期待も裏切らず一致しているとき、問題は存在せず、だれも問題があるとは感じないだろう。

第8章　社会契約

一

互いにすべてが調和している世界を想像するなど不可能である。我々が理解し知覚できる唯一の調和は、サンタヤナ氏〔ジョージ・サンタヤナ、一八六三―一九五二。アメリカの哲学者〕が本質の領域と呼ぶものを除き、衝突する究極の目的を犠牲にする部分的な調整である。木は果物を実らせ、我々はそれを食べる虫を躊躇なく殺す。果物は我々のために熟すのであり、無数のハエに対し我々が生み出した不調和など気にも留めない。

永遠の存在を思えば、この地上における調和が人に都合がよいか、虫に都合がよいかはまったく重要ではない。永遠の存在や宇宙の視点から見て、我々が善悪、善し悪しと呼ぶものはないからである。すべて価値観は、ほかに対して宇宙のある部分を測ることであり、全体として宇宙を評価できないのは、その全質量を測ることができないのと同じである。すべて価値や重みの尺度はそれ自身の内に含まれるためである。全宇宙を見極めるなら、あなたは神のごとく外に立ち、この世のものではない視点を採らねばならない。

それゆえハエにとっては不運にも、我々は必ず人間の価値で判断する。我々が彼を支配する限り、我々が確立しようとする調和に彼は服従せねばならない。もしハエが我々に反対して自らの調和を確立することができるなら、そして彼らをより良いものと見なすようハエが望むなら、我々はもっともなこととしてその理論上の権利を認めるかもしれない。だが、我々にとっては人にとって良いことが唯一の良いことである。我々の宇宙はあるがままではなく、ハエが理解するようにでもなく、我々に関係するものですべて構成される。人以外から見ればその宇宙の概念はゆがんでいる。それは強調と観点を持つ、まったく人間的なデザインで形づくられる。ものの形、色、匂い、音ですら我々の感覚器にその質をゆだねている。関係は必要性という背景に照らして見られ理解される。

人の利害や目的、願望の領域で視野はいっそう狭い。そこに人間的なものの見方は一切なく、人々の視点のみが存在する。すべての人間、すべての歴史、地球の隅々にあてはまる価値などない。正邪、善悪、快不快といった意見は、時と場所に制約され相対的である。それはある状況の下に、ある場所で、ある時代、ある人々にだけ適用される。

二

この幅広い多元主義に対し、思想家は無駄に議論を重ねてきた。彼らは社会有機体、国民精神、大霊、集団精神を発明し、ハチの巣やアリ塚、太陽系、人体に有力なアナロジーを得ようとした。より高度な統一を求めヘーゲルへ、また団結の基礎を見いだす努力の中で一般意思のルソーへと赴いた。人は同じことを考え、同じものを望むわけではない。私的な利害はいかなる共通の利害とも容易に相容れることがない。にもかかわらず、それでも人は一人で生きていくことができず、私的な目的でさえ他者の振る舞いを考慮することなしに実現はかなわない。しかしながら、我々はもはや多様性を吸収する統一を見つけることに期待しない。我々にとって、対立や相違は否定しようがない現実なのであり、目的の一致を探す代わりに、ただ目的の和解を探すのである。

そこで、大社会における問題の解決を言うとき、衝突する二つの利害が一時的妥協を見いだす以上を意味するのではない。もちろん、本当に違いのすべてを取り払い、他者や第三者に利益を譲ることもあるだろう。だが、多くの社会問題について、解決はこのように手際の良いものではなく、パズルを解くような完璧さで一致するものでもない。対立する利害は多くの血を流すことなしに、少しを与え少しを得、互いに存続するやり方を見つけるにすぎない。

それらが別の利害であることに変わりはない。関係者はまだ別のことを考えている。彼らが心や目的を一つにすることはない。しかし、対立せず、時には他者に信頼さえ抱きながら、彼らはわが道を行く。予期し期待されるであろう権利と義務を知っている。権利は求めるものよりいつも少なく、義務は望むより重いが、それでもある程度の強制により行いは理解できる予測可能なものにされ、相容れない利害にもかかわらず協力は存在する。

ある時代の一時的妥協である権利と義務のシステムは、一般に高度に宗教的な観念上の制裁を設けてきた。その時代に名高い思想家たちは、一般にその時代の制度、法律、道徳や慣習が神の恩恵を受けているとうまく示してみせるだろう。何度も論破されてきた退屈な幻想である。どの時点でも広く行き渡っている権利と義務のシステムは、共同体に現に生じている利害の力関係に対し本当はいささか古ぼけた処方である。人が教わる権利と義務のシステムは、一般にもっとも都合がよいと思われるものよりいくらか時代遅れであるため、そこには常にオグバーン〔ウィリアム・フィールディング・オグバーン、一八八六―一九五九。アメリカの社会学者〕が言うような時間のずれがある。しかし、システムが廃れていようといまいと、ありのままの起源に照らし、権利は何者かが主張できる要求であり、義務は何者かに課せられる責務である。

三

広く行き渡っている権利と義務のシステムは、人々の対立する目的を統制するようデザインされている。確立された権利は、ある種の振る舞いが国家という組織化された力や、少なくとも共同体の心情によって後押しされるという約束であり、義務はある点で他者の権利を尊重し損ねたときに罰せられるであろうという約束である。罰は死刑、投獄、財産没収、権利の破棄、非難の表明となろう。つまり、権利と義務のシステムとは、法廷と世論が支えるすべての約束のシステムである。それは固定したシステムではない。時と場所により、法廷や共同体の性格とともに変化する。しかし、それでもなおそれは、人の行いをやや理性あるものにし、対立する目的を追求する自由を制限して、境界を定めることで多様性にある種の統一を確立する。

時に約束は強制的な法にまとめられる。なんじはこの罰においてそれをなすものとする。なんじはしかじかしてはならないものとする。時に約束は二党派の契約に基づく。契約を結ぶ責務はないが、いったん交わされたなら、遂行するか罰金を支払うかせねばならない。時に約束は教会の掟に基づく。それは守られるに違いないが、罪の対価を実際に、あるいは罪深き者を見越してあがなわせるだろう。時に約束は慣習に基づく。それは尊重されるはずだが、何が起こるにせよ同調しないことの対価は支払わねばならない。時に約束は習慣に基づく。それは果たされるに違いない。あるいは習慣を改めるに際し人々が抱く感情に直面する。

ある権利や義務が強制されるものかどうか、警察、世評、各自の良心、どれによって、どのように強制されるのかという問題は論理による演繹では答えられない。都合よく望ましい、ある種の社会的調和に限りなく近づける権利と義務のシステムを力の限界に課している社会においては、それはもっとも有力な利害によって答えられるだろう。システムは互いの利害が及びあう力の反映である。ルールに良いものを見る利害はそれを守り、悪いものを見る利害はそれを攻撃する。それらの論拠は攻守の武器となり、理性に対するもっとも客観的な訴えこそ、ある根拠を捨てほかを採用する訴えになるだろう。

四

利害をめぐる論争で、問題はある特定のルールの価値に生じる。そのルールでよいのか、この罰で実施すべきか、あの罰で実施すべきか議論は関心を刺激するだろう。そして、それらの議論から説得や威圧により社会の特別なルールは作られ、施行され、改正される。

行動の傍観者である公衆の一員はその場の価値について論争にうまく介入できないというのが、本書の命題である。彼らは外から判断せねばならず、直接関係のある利害を支援することでしか行為できない。論争において公益を個々の問題に向けることはできないということになる。では、それは何に向けられるのか。論争のどのような局面において公衆はうまく関与できるのか。

だれかが反対するときに限り公衆は問題があることを知り、もはやだれも反対しないとき、そこには解決がある。そのとき、公衆にとってルールは関係者全員が同意できる正当なものである。問題における公益はここに限定されるということになる。すなわち、うまくいっているルールは実施され、守られないルールは既定のルールに従い改正されるものとする。ジョン・スミス〔英語圏でありふれた名前、山田太郎に相当〕があれこれすべきか、そうでないか、公衆の意見は重要ではない。公衆はジョン・スミスの動機も必要性も知らず関係がない。しかし、ジョン・スミスがすると約束したことを、するものとするというのは公的関心事である。というのは、人々に社会契約が交わされ、施行され、規定のルールに従い改められない限り、社会組織は成り立たないからである。対立する目的は権利と義務のシステムによって統制されない限り、永遠に問題を生み出し続けるだろう。

公衆の利害はルールや契約、慣習それ自体にあるのではなく、ルールや契約、慣習といった体制の維持にある。公衆は法律ではなく法則に、中身ではなく方法に、特定の契約ではなく契約という義務に、あれこれの慣習ではなく慣習に基づく了解に関与する。当事者は一時的妥協を見いだすものとするという目標にこれらは関係する。その利害は互いに調整できるように人々の振る舞いを定義し予測する実行可能なルールにある。公衆が褒めたり貶したり、投票やストライキ、ボイコットや支援を通して適用できる圧力は、古いルールを実施する人々、あるいは必要な新しいルールを主唱する人々を補足する場合に限り、結果を出すことができる。

この理論で公衆は法や道徳をもたらす者ではない。せいぜい、法や道徳の精神、方法を代表して動員される予備軍にすぎない。公衆はルールを定めることができる、ということを否定するにあたり、公衆が現在働かせている機能を捨て去るべきだと言っているのではない。単に見せかけをやめるべきだと言っているのである。公衆は実質を扱おうとするとき、特定の利害の餌食となるか無意識に味方するにすぎない。すべての特殊な利害は既定のルールに従って行為するものとする、という共通の利害だけがある。何がルールかを問う瞬間、あなたは個人や階級、派閥、国民の偏見といった特定の見地から、利害が競合する領域を侵犯する。問題に答えられないのであれば、公衆は何がルールかを問うべきではない。権利と義務のシステムが必要なのであり、特定のシステムに格別な神聖さがないとするなら、社会問題の解決にその一部は寄与できるだろう。

第9章　公衆に用意された二つの問い

生活上問題のないルールの多くは公衆と無関係である。それは失敗のみを扱わねばならない。全員が従うことを期待される慣習、平穏に果たされる契約、守られる約束、満たされる期待は決して問題を起こさない。ルール違反があるときでさえ、違反が明確に立証され、侵害をはっきりと同定し、罰を決めそれを科すというのなら、そこに公的な問題はまったくない。罪を認め侵犯者が特定されるかもしれない。罪を認めなくとも適正手続きにより特定されるかもしれない。令状はもとより、発覚、解明、執行といった方法を含む用語として、ルールはどちらの場合にせよ損なわれていない。公衆の力はルールを管轄する当局に代わって躊躇なく団結できる。

ルールの妥当性——その意味や健全さ、適用の仕方について疑いがない限り公衆に問題はない。疑いのあるとき、公衆はしかるべき場所を決めるよう単純で客観的なテストを要求する。したがって、テストは次の二つの質問に答えねばならない。

第一、ルールに欠陥はあるか。

第二、それを正してくれそうな代理をどのように見分けるか。

私が主張すべきは、公共問題の解決に向けて可能な限り影響を及ぼすために、公衆が答える質問は二つしかないということである。問題解決のため、名だたる人物だけが答えねばならない質問ではないことに、注意してほしい。無知蒙昧な干渉を避けたい公衆の一員が、実際に関心を抱けるような質問である。

そこで、ルールに欠陥があることをどのように知るのだろう。どうやって改革者を見分けるのか。こうした質問に少しでも答えようとするなら、問題の現実的理解を欠いたまま、手早い回答ができなければならない。そんなことが彼に可能か。無知でありながら知的に行動できるのか。

この明らかな矛盾を続く四章で描くことになる。

第10章　公的な討論の主な価値

ルールによって行動を支配される個人は、その内容に関心がある。しかし、彼自身の行動を左右しないルールについては、主な関心は実行可能なルールであるべきという点にある。

公衆であることの資格は一定していない。それは争点によって変わる。ある事件の当事者は別の事件の傍観者であり、人々は執行者である領域と公衆の一員である領域を絶えず行き来している。第3章で述べたように、両者の違いは絶対的なものではない。自分の意見を実行しているのか、実行している他者の意見に単に影響を及ぼすだけなのか、よくわからない中間地帯がある。しばしば振る舞いには二種の混合がつきものだ。違いに明確な線を引ける場面ばかりではない。この混合は公私の区別に非常に大きな混乱を許すものである。質問に対する公的な視点は、偽の公衆の存在によって曇らされる。広く受け入れられたルールがあるものとするという公共の必要性によってのみ動くと、彼らは偽り想像させながらも、実際には自らに有利となるようルールを曲げる人々である。

したがって、最初に利己的な集団を発見し割り引くことが大切である。こう言って、私欲を追求するために人々が団結するのをいささかも非難するつもりはない。都合がよいと思うとき、人々は自らを利するように行為するのは確かだから、我々が非難しても無意味である。一般的な共同体に禁欲や犠牲を期待する政治理論は考えるに値しない。人々が私的な利害に従い、そうして得た内輪の情報が働くような出来事をもたらさない限り、世の中の動きはいっこうに見えてこない。加えて特殊なものの見方を徹底的に調べ、十分自覚的に調整をするというなら、その調整はいっそう現実のものとなりそうである。

それゆえ、啓発的な公開討議の天才は、私的な利害を覆い隠し検閲し削除するのではなく、自らの色の下に振る舞うよう促し、振る舞わせるのである。私が定義するところの真の公衆は、私的利害を持つ紛らわしい集団という嫌疑を晴らさねばならない。私的な利害が悪いというのではなく、一人が偽りの強さを身につけると互いにうまく調整できなくなるため、身の証を立てる必要がある。調整という点だけを気にかける真の公衆が、勝利を求める私的な利害の陰で動員されるようになれば、調整は失敗し、事態に実際の力の均衡を示すことなく解決は破綻するだろう。真の公衆は決して長く動員されることがないため崩壊する。彼らが復員した後、称揚された私的利害は手に余る特典を見いだすことだろう。六人の警官によりジャック・デンプシー〔一八九五—一九八三。アメリカのプロボクサー〕の胸に追いやられ、その上、警官が夕食に帰ってしまいそこに取り残されたようなものである。連合国によって敗戦後のドイツに駐留し、連合国がヨーロッパから引き揚げるまで留まらざるをえなかったフランスのようでもある。

利己的集団から公衆を分かつことは、利己的集団により支持されないだろう。できるものなら農家や実業家、組合員は自らを常に公衆と呼ぶであろうことは間違いない。彼らの私欲をいかにして見破るか。私心のない公衆に自らを結びつけたい私的利害による宣伝を、ふつうの傍観者が分析しようと備えることは決してない。それは悩ましい問題であり、おそらく大衆政治におけるもっとも悩ましい問題であって、傍観者の頼みの綱は討論をせがむことにある。我々も承知しているように、彼は議論の価値を判断できないだろう。しかし、討議の完全な自由を強く主張すれば、提唱者は互いをさらけ出すに決まっている。公開討論は、いかなる問題にも結論を導き光を投げかけるものではないが、党派や提唱者の本心をあらわにする傾向を持つ。そして、真の公衆に対し彼らを明らかにできたとすれば、討論はその主な目的を果たしたと言えるだろう。

それでも、直接関係のない個人が利己的集団に参加し、その主張を支持するほうを選ぶかもしれない。しかし、少なくとも彼は自らが党派に与していることを知っており、それゆえおそらく、人類の目標と派閥の目的を見誤る可能性もいくらか低くなるだろう。

第11章　欠陥のあるルール

一

人はルールを破り、その上、公然と行動を正当化する。ここにもっとも単純な形で、ルールの妥当性に対する攻撃がある。公的な判断への訴えである。

古いものより優れた、新しいルールの下で行為したと主張する彼に対し、公衆は新旧のいずれを採るか、いかにして判断すればよいか。その問いは我々が思うほど本質には踏み込んでいない。なぜルールを破る前にまず関係者の同意を求めなかったのか、公衆は侵犯者に問うことになる。時間がなかった、危機に際して行動したと言うかもしれない。その場合、公衆にとって由々しき問題はなく、仲間は彼に感謝するか、ばか者呼ばわりするかのいずれかであろう。状況が明らかに例外であるため新しいルールを実際に設けず、利害にかかわる党派が平和的に善処するなら、公衆はそれで満足するだろう。だが、緊急でないとすれば、あるいは革新者が同意を求めるだけの時間を持っており、何が最善であるか知っているという根拠がないとすればどうだろう。彼は正しく有罪であり、ほかの党派の反論が公平に支持されるだろう。

なぜなら、勝手な布告による革新の正しさは基本的原則として擁護できず、意図においていかにすばらしくとも、それに従い生活せねばならないすべての人々から、まずいくらか理解され是認されることなしに、うまく機能するとは思えないからである。もちろん、改革者は完全には立証できないドグマに糾弾されていると答えるだろう。そのとおりかもしれない。新しいルールが同意を求める原則に対し、歴史的経験を引くことができる。望まない人々に体制が押しつけられ、その結果を後から賞賛するという数多くの例がある。同意の必要性というドグマは、多くの原則同様、不完全である。だが、にもかかわらず、それは社会において必要な前提である。新しいルールがまったく同意を求めなければ、全員が自分のルールを作り、そしてそこにはルールがまったくないのだから。それゆえ、例外的に力が突出した時期や人々が何らかのドグマを前進させる、ということを承知した上で、同意の必要性というドグマは維持される必要がある。社会のルールは例外に基づくことができないため、例外は自らを正当化せねばならない。

したがって、ルールが正しく破棄されたかどうかのテストは同意のテストである。そこで、問題は、同意のテストを用いる際、十分な同意が得られたかどうか、公衆の一員はどのようにして判断するのかにある。体制は恣意的な力により押しつけられたのか、実質的な賛成を得たのか、彼はどのようにして知るのだろう。

二

もし同意が欠けているなら、我々は知ることを望む。公然とした抵抗があれば、それが欠けていることがわかる。あるいは同調することが広く拒絶されていれば、それがわかる。同意された有効なルールは抵抗や違反を呼び覚まさないだろう。公衆の一員として、抵抗の重大さや違反の広がりをどのように評価すればよいのか。

三

ごく少数しか直接の論争に関与しないところで、公衆は介入しないほうがよい。ある党派は抵抗するかもしれないが、紛争に決着をつける公の法廷に抗議しない限り抵抗は無視されるだろう。関係者個人にとってどれほど悲劇的であり、重大なことであっても、公衆が調停の細目に関与するとは思えない。他者に対する個人の抵抗は、公的な事柄として扱うことができない。公の法廷に異議を唱える場合に限り、また法廷に調査を求めるという理由によってのみ、それは公的な問題となる。こうした紛争において、公衆は互いを点検する調停機関を信頼せねばならない。一日半時間ほどしか新聞を読まない多忙な人々で公衆が成り立つことを思えば、細かな判断まで下せないというのは薄情というより単に慎重なだけである。

だが、人々の多くが論争に関与するところでは、公的な事柄は必然的に存在する。というのは、多くの人々が巻き込まれるとき、その影響が単に広がりを見せるというだけでなく、平和的調停を強制するための公衆の力が全員にとって必要とされるからである。

比較的多くの人々を代表する抵抗に公衆は注意せねばならない。しかし、そのような抵抗がなされたということを、公衆はどのようにして知ればよいのか。代弁者が公認されるかどうかを確かめる必要がある。彼が公認されているとして、そのことをいかにして伝えるのか。言い換えれば、支援者への約束により一連の行動に同意を与えることができるかどうか、どのようにして伝えることができるのか。それらしい指導者が本物の指導者かどうか、ふつう公衆の一員には直ちに答えられない質問である。それでも彼らは経験に基づく何らかのやり方で、それなりに自信を持って答えるに違いない。

官職という外見上の印を授けられているそれらしき指導者を、本物の指導者ではないと否定する人々に、経験則は立証責任を投げかける。ある国家とほかとのように、他国の政府がいかに気に障ろうと、公然たる反乱がないなら輿論は公式発表の裏を探れない。他国の領域内で策を弄するという望みのない仕事に従事しない限り、他国は解任に失敗した官僚によって危うくされるほか道はないからである。公然たる反乱や、より穏やかな代用となる差し迫った選挙があるなら、安定した政府が腰を据えるまで長期的な決着は先延ばしにするほうが賢明だろう。だが、多少なりとも安定した政府が作られたなら、他国の首都に政権を構える政府と妥結する必要がある。

同様の理論は修正の上、国内の大規模集団にも適用できる。例えば、鉱山組合員を代表する役員を否定するのは、雇用者にとってまったく無駄である。非組合員を彼らが代表することは否定すべきだが、係争中の問題で組合の同意が必要なら、同時に組合そのものが自らの幹部を疑問視していないなら、公衆はその幹部を公認されたものとして受けとめなくてはならない。

しかし、組合の内部で幹部が挑戦を受けたとすればどうだろう。挑戦の重大さは公衆によってどのように評価されるだろう。異議を唱える者が正しいかどうかではなく、単に代弁者が事実上、その構成員に責任を持てるかどうかを見極めることに目的があることを思いだそう。挑戦を検討するにあたり、公衆の関心は数やその戦略的重要性、決意に基づき、反対がどこまで同意の価値を損なうか知ることにある。だが、この種の判断を公衆に期待するなら高望みというものである。反対の重大さを量ることはできても、おおよその外面的な基準によるものでしかない。代弁者の資格に挑戦することなき反対や、反乱なき批評に公衆は関心を持たない。それは内輪の出来事である。熟考に値しないかもしれない反対である。

このような場合、もし代弁者が選ばれるなら、新たな選挙が開かれるまで確かな同意を与える資格を持つ。代弁者が選挙によらず、手に負えない反対が目に見えるようであれば、同意は暫定的にのみ採用される。確かにこうした基準は反対の重要性を量るものではない。しかし、反対を前にして適度に結ばれるある種の妥協に限れば、その効果は一考に値する。

大規模な集団において同意のテストは定められた代弁者の有無にあるという、実用的な一般原則をもたらすために彼らは必要な修正を提案する。

四

同調のテストは同意のテストに密接な関係がある。ルール、慣習、法、組織への公然たる批判が、すでにルールから逸脱しているか、これから逸脱するだろうということを想定させるからである。ふつうの人は同調を望み、ある集団が公然と異説を唱えねばならないほど敵意を持つというのは議論の余地がある状態であり、その集団に批評という一線を越え同調を拒むかなりの人数が含まれるのは確かである。これらはそれなりに無難な仮説である。議論は誤りであり、救済策はばかげているかもしれないが、個人のリスクで彼らが公然と批判したという事実は、ルールがうまく機能していないことを示す合図である。したがって広範囲に及ぶ批判は、その観念的な価値を超えた意味を持つ。それはほとんどの場合、ルールが不安定であるということが表に現れているのである。

ルールが時折でなく頻繁に破られるとき、そのルールには欠陥がある。その下で生活する人々に通常期待される行いをわかりやすく定義していない。それは崇高に聞こえるかもしれない。しかし機能していない。それは関係を調整しない。それは社会を実際に組織しない。

公衆が具体的に決められないというのは、そのルールがいかに不完全かである。私が提案した同意と同調、二つのテストにより、公衆はルールに欠陥の存在を確かめることができる。しかし、その欠陥が、関与する力のバランスが変化したことを誤って測定したことによるのか、あるいは重大な利害や関連する事情を無視したことによるのか、調整の技術やルールの矛盾、不明瞭さが悪かったのか、一般的なルールから具体的なものを解釈、推論する仕組みがなかったことによるのか、公衆は判断できない。

ルールに欠陥があると判断し、それを正せそうな代理を見つけることへと向かうなら、私が信ずるに、それはふだんの力の限界を乗り越えるだろう。

第12章　改革の基準

一

公衆を構成する不揃いな傍観者の集まりは、たとえそうする気があったにせよ、日々の問題すべてに介入することはできない。時に彼らは役割を演ずることができ、そうせねばならないが、私が信ずるに、複雑で変化に富む社会で日々生じる問題のすべてに関心を抱くことはできず、粗雑な判断さえ下せず、もっともひどい党派のようにさえ振る舞わないだろう。彼らはふだん、それなりに著名な人々で成り立つ、ある種の専門的公衆に代理を任せておく。多くの争点はこの有力な集団を越えて持ち出されることがなく、素人の公衆はその討論の反響を受け取るにすぎない。

利害関係を持つ党派や政府の要人によるかけひきで、それなりに安定が継続するなら、政権党はその国の信任を得る。事実上、部外者は有力な関係者の背後に並ぶ。しかし、利害関係を持つ党派の賛同を得られず、結果として妨害や絶えざる危険が存在するなら、今度は関係者間の対立が国民の期待に配慮するようになるかもしれず、そちら側へと傍観者を誘うことができる。

順調であれば与党を支持し、順調でないと思われるとき野党を支持する。似たり寄ったりと言われるものの、これが大衆政治の真髄である。我々が経験するもっとも知的で大規模な公衆でさえ、軍や警察といった組織化された国家権力を振るうのはだれか、与野党の選択によって最終的に決めねばならない。選択肢のない共同体に大衆政治は伴わない。それは独裁という形になりやすく、圧力団体における政治家の陰謀に左右される。

与野党に極端な違いがあるように語ることは党派の慣習であるが、安定し成熟した社会において、その違いは必ずしも深くはないと論証できるように私は思う。それが深いとすれば、敗れた少数者は常に反乱の瀬戸際にあるだろう。すべて選挙における前提は、敗者の生活を耐え難くするようなことを勝者はせず、敗者は自らが認めない政策に快く耐えることにあるのだが、選挙は突然の大変動だろう。

合衆国、英国、カナダ、オーストラリア、一部の大陸諸国において、選挙が運動家の言うようなものであることはまずない。それは事の運営にあたる新たな顔ぶれと、おそらくわずかに異なる政策の全般的傾向を意味するものである。与党は集産主義に偏り、野党は個人主義に傾くかもしれない。与党は外交問題で疑い深く非協力的であり、野党はおそらく疑いを知らないか別の疑いを抱いているのかもしれない。与党は製造業の利害に賛成し、野党は農業の利害に賛成するかもしれない。しかし、こうした傾向の違いでさえ、合意を得た数々の領域、定まった習慣、やむをえない必要性に比べれば非常に小さなものである。実際、選挙が極端な結果をもたらさない場合、国家は政治的に安定しているとある者は言うだろう。

したがって、安定した共同体には、投票キャンペーンに偽りの真剣さがある。興奮の多くは国民の命運ではなく単なるゲームの結果である。酔った勢いのように興奮のいくらかは誠実である。数多くの有権者のものぐさに打ち勝つため、その多くは金銭の出費によって故意に焚きつけられている。大方にとって、与野党の実際の違いは次のようなものにすぎない。政権に就いた後、与党は政策に縛られ特定の利害に絡みすぎ、決定の中立的な自由を失う。次いで彼らは、提携するようになった利害について、恣意的な動きを監視する介入ができなくなる。野党が権力を握りバランスを元に戻す時である。この取引において野党の長所は、重く見られすぎているこうした特定の政策や利害に絡んでいないことである。

与党が有効に事態を取り仕切っているかどうか、テストは不穏な問題の有無によって判断される。前章で指摘したように、改革の必要性は同意と同調のテストによって見分けることができる。しかし、私の意見は、一般的な公衆は多くの場合、それぞれの論点にそれぞれの改革者をつけることはできないというものである。問題を解決するか悪化させるか、蓄積された判断を基に与野党を選択せねばならない。特定の改革者は通常、有力な関係者に支援を求めねばならない。

しかしながら、洗練された輿論があるとすれば、それは人目を引くその時々の主な問題について、こうした卸売りの判断をやや小売りの判断に分けることによってもたらされるに違いない。公衆にかかわる争点のすべてが政治の範囲内にあり、政党制を通して到達できるわけではない。したがって、傍観者を特定の議論へと導ける定式かどうか、判断の原則を見極める価値があるように思う。

問題は、明白で細かすぎない客観的なテストにより、公的な支援にふさわしい人物を論争の中に特定することである。

二

ルールが自明であるとき、その妥当性は問題とならない。明らかな違反や侵犯者は一目瞭然に特定され疑問は生じない。公衆は法の執行者を支援するが、法がうまく働いているとき、公衆は優良な銀行の準備金のようなもの、すなわち、そこにあると知られてはいるが引き出される必要のないものである。だが、論争的な分野の多くはルールが明白でなく、その妥当性も挑戦を受ける。それぞれの党派は他派を侵犯者と呼び、それぞれに人類最高の理想を持って行動していると主張する。国家、派閥の利害、階級、都市と田舎、教会の紛争において、調停のルールは欠けており、それらについての議論はプロパガンダの霧の中で見失われている。

それでも、公衆に判断が求められるのは、この種の論争、激しくもつれた論争である。事実のほとんどが不明瞭で、前例がなく、目新しさや混乱が蔓延しているところでは、あらゆる点で不適格な公衆がもっとも重要な決断を強いられる。もっとも難しい問題は制度的に扱えない問題である。それらは公衆の問題である。

こうした状況で公衆の一員が用いることのできるテストは、紛争に対するすべての主張を調査にゆだね、その結果を甘受したがらないのはどの党派か、注目することである。専門家が常に専門家であり、公平な法廷が本当に公平であるという意味ではない。それは単に、公衆が見慣れない複雑な事態に介入せざるをえないかどうか、そして公の調査というテストが主張者の誠実さ、審査という試練に耐える力量への信頼、また人間の理性的な調停という可能性を信じ喜んでリスクを引き受けることに対して、確かな手がかりとなるかどうかという意味である。彼は特定の法廷に異議を申し立てるかもしれない。だが、彼は少なくとも代案を示さねばならない。確立したルールがない中、テストは喜んで法という形式に従い、法が制定される過程に則って行為するかどうかにある。

輿論が用いることのできるテストの中で、調査というテストがもっとも一般的で便利である。党派が進んでそれを受け入れるなら、同時に理性的な雰囲気がある。和解の見通しがある。少なくとも即座に行動が必要で、問題点を説明する暇がない場合や、論争者の専断を切り離し特定する見込みがない場合、また国際連盟規約[25]や国際紛争の平和的処理に関する議定書[26]の下での最近のあらゆる試みにおける、いわゆる決着のつけられない問題に対し、調査が引き合いに出される原則であることに不思議はない。この調査というテストを適用するにあたり、我々に断言できるのは次のようなものである。すなわち、紛争があり、価値が明確でなく、適用すべき政策が確立されておらず、それでも、部外者である公衆として我々は、言い争う人々にそこに該当する法があるかのように振る舞わねばならないと告げ、納得のいく結論への材料を欠いているとしても理性的な方法と精神を求め、必要な犠牲、必要な満足を先に延ばすこと、そのうち一つは否決され不正がなされるであろうリスクを求めるということ。すべて対立は平和的同意により解決されるという原則に基づく社会を維持するために、こうしたことを我々は肯定する。

現実はそうでないかもしれない。だが、我々の社会はそのドグマに見いだせる。我々が守らざるをえないドグマである。直接の結果がいかに狼狽させられるものであろうと、我々は良心を持ってそれを守ることができる。すべての紛争を理性の精神にゆだねることにより、我々は長い目で見て理性という習慣を確かなものにするだろう。観点がそれを抱くものにとって絶対ではないという、その習慣が幅を利かせているところでは、まったく一時的妥協がないというような困難はない。

調査は、公衆が理性を拡大するため、その力を振るうことのできる優れたテストである。

三

だが、テストは最初に支援が与えられる党派を見分ける一方、ある党派が調査を拒んだ場合にのみ価値を持つ。すべてが調査に付されるなら、何も明らかにならない。いずれにせよ、提案された解決の見通しは明らかではない。周知を求める党派はさほど隠すこともなく、よかれと思ってするのだろうが、不幸にして誠実さが知性の基準であることは決してない。

公衆は新しいルールが実際に機能するかどうかを答えられない。しかしながら、変化の激しい世界で常に機能し続けるルールはないだろう。よって、経験がその欠陥をはっきり明らかにできるよう、ルールは編成されるべきである。ルールは違反をはっきりさせるよう、できるだけ明確にすべきである。とはいえ、一般法則はすべての事例を扱えないため、これは単にルールが判断可能な安定した手続きを含まねばならない、ということを意味するにすぎない。したがって、何がそれらの条件で、いつそれが満たされたのか、正確に定義する方法が提供されていないなら、条件が満たされれば領土から撤退するという条約はまったく不完全であり、非難されるべきである。言い換えれば、違反をまぎれもなく明白とするために、自ら解明の手段を持つものでなければならない。人知は予見できないという経験に注意を払うのみである。

このことから、ルールは革命なしに改正できるよう編成されなくてはならないということになる。修正は同意によって可能であらねばならない。しかし、変化に賛同する議論が圧倒するときでさえ、同意はいつも与えられるものではない。人々は自らの権利によって立つだろう。それゆえ、行き詰まりを打開するために、ルールは修正に関する論争を公開するという正規の手続きを用意すべきである。これはしばしば障害を打ち破るだろう。そうでなければ、まず間違いなく、その共同体が党派に代わって論争に従事することになる。これは関係者全員にとって不便であり、粗野で暴力的、不正確な輿論により論争の実質へ介入するという不便さは、少なくとも直接関係する人々に次回は干渉しないことを悟らせるだろう。

しかし、修正は可能であるべきとはいえ、絶え間なく予定外になされるべきではない。習慣や慣習を作る時間をとったほうがよい。雄弁家が箔をつけるチャンスであっても、ポットは常に沸騰させるべきではなく、比較的些細な理由でかき回すべきでもない。多くの異なる人々の習慣や期待が慣例に含まれるため、安定を与えながらも現状に留まることのない方法を見いださねばならない。修正はしかるべき周知の後でのみ課すものとするということにより、それはなすことができる。

何がしかるべき周知かは場合によるので、公衆は答えられない。利害関係を持つ党派だけが、事の流れを都合よく妨げうる場所を知っているだろう。しかるべき周知は、長いかかわり合いを持つ人々にとってこれくらいの期間であり、短いそれの場合、あれくらいであるだろう。だが、しかるべき周知の原則が和解案に盛り込まれているかどうかは、公衆に確かめることができる。

そこで新たなルールを判断するため、ここに提案するテストは三つである。自ら釈明する用意はあるか。同意により修正する用意はあるか。修正案が提出されるというしかるべき周知がなされる用意はあるか。テストはその実質ではなく手続きにより和解の見通しを判断するようデザインされている。

四

これが私の知るかぎり、複雑な出来事のどこで提携するかを傍観者に示す単純な基準を定式化できるか、という我々がアリストテレスから引き継いだ問題を、なんとか解決する方法である。

討論の主な価値は対立について聴衆に真実を明らかにすることではなく、党派を特定することにあると私は提案してきた。さらに私は、行動のルールに欠陥のあるところ、問題は存在し、その欠陥は同意と同調のテストを通してもっともよく公衆に見極めさせることができると提案した。救済策について、私はふつう公衆が関係者に逆らい部外者を頼らねばならないと想定するが、こうした卸売りの判断は特定の争点を分析するテストによって精緻化されるだろう。そうした分析の一例として私は、混乱した対立に対する調査や、改革に対する説明、修正、しかるべき周知といったテストを提案してきた。

これらの基準は網羅的でもなければ限定的でもない。その上、こうした特徴を持つテストの多くが実施と反省によりどれほど改善されても、扱いきれない多くの公的な事柄は残されたままであるように思う。すべての公的な問題に公衆が首尾よく介入できるなど、私は信じない。問題の多くは、基本的に公衆が影響を及ぼせるすべてである鈍い党派心で前進することはない。したがって、私が素描したテスト、またはそれらを広く改良したほかのテストが日々の討議に生じるすべての問題にたやすく応用できないとしても、驚くべき理由はない。

公衆の一員が行動の指針としてこの種のテストを使えないところでは、もっとも賢明な方針は行動しないことである、ということを私は率直に主張したほうがよい。口を慎めるなら、彼らはやみくもな党派よりむしろ優れた中立である。私がここで描いたような判断に従わず、出来事が非常に混乱するか、巧みに均衡を保つか、あまりに困難であるところで公衆が干渉するとすれば、混乱のみが生み出される可能性は極めて高い。すべて今ある人の知恵で問題が解決されるとは限らない。解決可能なものの多くが公衆の及ぼす力では解決できない。時にはひとりでに治るだろう。いくつかは人の運命である。それゆえ、いつでもどうにかするというのは絶対ではない。

状況に際し、公衆による介入の適切な限界は、判断力によって決められることになる。新たなより良い基準が定式化され、あるいは人々が実践をふまえ熟練を増すように、こうした限界は拡張されるだろう。だが、テストがまったく存在せず、そうしたテストが使えないところ、言い換えれば意見が紛争それ自体の実際的な価値においてのみ役立つところでは、傍観者のとる積極的な行動が恩恵より厄介となることはほぼ確実である。彼らの義務は偏見にとらわれず見守ることにある。使えるテストの存在が、公衆が介入すべきかどうかのテストそのものである。

第13章　輿論の原則

一

前章までに描いたテストは共通の特徴を持つ。それらはすべて、わずかな振る舞いの断片や提案の一側面を選び出す。こうした見本を、大雑把ではあるが客観的、高度に一般化されてはいるが確かな標準によって測る。そして、係争中の問題において当事者に提携するか、対抗するか、公衆に十分な根拠を示すはずである判断をもたらす。

もちろん、私はこれらテストの定式を過大に思わない。まったく試験的なもので、単に討議のたたき台を用意し、輿論の性質にふさわしいテストの定式化が不可能ではないと論証するにすぎない。とはいえ、これらテストの特徴に多くの重要性を加えたい。

基礎をなす原則は次のようである。

1. 執行上の行動は公衆のなすところではない。執行上、行為する立場にある者を支援する者として、公衆は提携することによってのみ行為する。

2. 問題固有の利益に公衆は関係しない。公衆は関係者の仕事に外から介入する。

3. 問題の予想、分析、解決は公衆のすべきことではない。公衆の判断は、問題となっている事実のわずかな断片に基づく。

4. 問題の扱いに要求される特別で専門的、直接の基準は公衆のものではない。公衆の基準は多くの問題に一般化されており、本来、手続きや公然とした振る舞いの外面的な形式に向けられる。

5. 公衆に残されるのは、振る舞いの確定したルールか、もしくは自らの恣意的な欲望か、論争する当事者がどちらに従っているかについての判断である。関係者の振る舞いという外面から得られた断片によって、この判断は下されねばならない。

6. この断片が適切なものであるために、輿論の性質にふさわしいもっともな振る舞いと恣意的なそれを区別する頼りになる基準を見つける必要がある。

7．社会的行動、もっともな振る舞いの目的は、ルールを作ることであれ、守らせることであれ、改めることであれ、確立した道筋に従うという行いにある。

手がかりを得る方法を工夫し、判断基準を定めるのは政治学者の仕事である。こうした方法の使い方を公衆に教えるのは、民主主義における市民教育の仕事である。それらに配慮するのは、制度を作る人々の仕事である。

二

民主主義の改革者が進めてきたことと、これらの原則は根本的に異なる。人民に自治を教えるという努力の根底にはいつも、私が信ずるに、有権者は責任ある人物の知識や視点にできる限り近づくべきだという前提がある。もちろん、大衆にあって彼が少しでもそれに近づくことなどかつてなかった。ところが、彼はそうであると考えられた。多くの事実を教わり、さらに関心を深め、より良い新聞を読み、講演を聞いて報告書に目を通しさえすれば、彼は徐々に公的な問題を指図できるよう訓練されると信じられた。これら前提のすべてが誤りである。輿論について、また公衆のやり方について、それは誤った概念に基づいている。市民教育のもくろみが成就する見込みはない。達成できない理想に向けて前進するものは何もない。

関係者と部外者の本来異なる経験に着目しないため、この民主主義の概念は誤りである。関係者同様、問題の実質を手際よく扱うよう部外者に求めるので、それは基本的にゆがんでいる。彼にそれはできない。教育というもくろみは、人類の問題すべてに対して、彼にあらかじめ準備させることなどできない。危機に際し宣伝装置や啓発機関が、執行上の行動に求められる先行した詳細な専門知識を、彼に与えることは決してない。

民主主義の理想は決して公衆の機能を定義するものではない。それはこともあろうに、未熟で漠然とした執行者として公衆を扱ってきた。その混同は社会についての神秘的な観念に深く根ざしている。「人々」は一人に、彼らの欲望は彼の欲望に、考えは一つの心に、その集団は個人が細胞となる有機的な単一組織に見なされる。次いで投票者は当局と自らを同一視する。彼らの考えは彼の考えであり、彼らの行いは彼の行い、不思議と彼らを自らの一部であるとさえ考えようとした。こうしたアイデンティティの混乱すべては、だれもがすべてのことをなしうるという理論に自然と導かれる。自らの限界と達成可能な目標という明確な考えにたどり着くことから民主主義を妨げる。人間の活動の多くに徐々に確立された機能の区別と特殊化は、政府の目的と社会教育に対しかすんでいる。

したがって、民主主義は公衆の教育を発達させてこなかった。重責ある者に求められる知識の断片を与えたにすぎない。事実、良き市民ではなく多数のアマチュア行政官の育成を目指した。公衆の一員としてどのように行為するか、子どもたちは教わらなかった。すべてに干渉するなら知っておかねばならないことを、慌ただしく中途半端に味わわせるにすぎない。途方に暮れた公衆と不十分な訓練しか受けていない役人の大群が、その結果である。重責を担う人々は「公民科」ではなく法科大学院や法律事務所、仕事の現場で訓練を受けている。自分が責任を負える範囲外にあるすべての人々として、公衆は概して、いかなる種類の首尾一貫した政治的訓練も受けていない。我々の市民教育は、わかりやすい形で公的問題の紛糾をどれだけ抑えられるのか、投票者に教えるものではない。

もちろん、寄せ集めの民主主義が政府に無理難題を押しつける、と指摘する批評家には事欠かない。こうした批評家は、重要な決断は個人によって下され、輿論は無知で的はずれ、余計なおせっかいであると考えてきた。たいてい、優れた技量の少数と無学の多数に先天的な違いがあると結論づける。違いを自明だと思っている彼らは、皮相な分析の犠牲者である。問題となる基本的な違いは関係者と部外者のあいだにある。両者の問題への関与は根本的に異なる。関係者だけが決断できる。それは生得的に優れているからではなく、理解し行動できる立場にいるからである。部外者は必然的に無知であり、たいてい的はずれで余計なおせっかいをやく。それは陸から船を先導しようとするからである。自動車メーカーの優れた経営者や文芸評論家、科学者が政治について何度もばかげたことを話す理由はこれである。持って生まれた優秀さは、もしあるとすれば、自らの活動の中でのみそれを明かす。尊大な理論家は、十分に優秀であれば適材適所も無視しうるという、誤った考えに立って仕事をする。つまり、民主主義の理論家と同じく、彼らは能力が機能に対してのみ存在し、人々は何かに対して有力で、何かについてのみ教育を受けるという物事の本質を見損なう。

したがって、公衆の市民教育は公職の教育から分かつべきである。市民は事態に対し根本的に異なる関係を持ち、異なる知的習慣と行動の仕方を要求される。輿論の力は党派的で発作的、無邪気で外面的である。私が諸章で示そうとしてきたように、自らの使用に適した判断基準を与える新たな知的方法が必要である。

第Ⅲ部

第14章　あるべき場所にある社会

一

民主主義の誤った理想は幻滅とおせっかいな暴虐にすぎない。民主主義が事態を左右できないとすれば、そうできると期待する哲学は、人民に不可能な試みを奨励するものであろう。失敗するにしても、それは実りある個人の自由へ乱雑に介入するであろう。それ自身の力を行使するため、しかしまさに、そしておそらくなおさら、虐げられること、とまどう群衆の叫びからお互い自由に生きるため、公衆はあるべき場所にあらねばならない。

二

私が思うに、戸惑いの源泉は有機的な結束と目的を社会に帰する試みにある。精神や魂、目的がさまざまな折り合いを持つ男たち、女たち、子どもたちの集まりというのではなく、我々は一つの精神、魂、目的を持つ身体として社会を考えるよう教わってきた。社会関係の複雑さについて現実に即して考えることを許さず、我々は社会、国家、共同体と呼ばれる架空の統一体という考えを一大宣伝活動によって自らに押しつけてきた。

十九世紀のあいだに、社会は主として国家主義者や社会主義者の運動の影響下に擬人化された。教義の有力者はそれぞれ、公衆を支配的な社会目標の代理人と扱うよう力説した。実際には国家主義者や社会改良家の指導者とその補佐役が代理人である。しかし、彼らはイメージの背後に隠れる。そして公衆は、国家主義や社会福祉のステレオタイプに同調する者なら、だれでも支持される資格があると考えるのに慣れた。国家主義の支配者が考え、なすことは国民の目的であり、すべての愛国者にとって試金石である。社会改良家が提唱することは、完全無欠に向かって神秘的とはいえ進歩的に歩む人類の、慈愛に満ちた自覚である。

しばしば真摯に行うところを、そのペテンは大まかに行った。しかし、その目的が人類皆の精神であるというフィクションを維持するため、公人は知り得たことのすべてを公衆に話すわけにはいかない、ということに慣れなくてはならない。それに伴い、彼らは行為の部分的な真実のみを告白する。公的生活において率直さは政治問題となり、処世術にはならない。

「彼は適切に判断するだろう」とケインズ氏〔ジョン・メイナード・ケインズ、一八八三―一九四六。イギリスの経済学者〕はかつてロイド＝ジョージ氏〔デイビッド・ロイド＝ジョージ、一八六三―一九四五。イギリスの政治家、首相〕について述べた。[27]「正しい道にそってうまくあしらわれ、一杯食わされ、丸め込まれる、これが民主主義にできる最高のことであると。手段としての真実や誠実さに対する偏見は、政治的に実益を伴わない美学や格率に基づく偏見なのだろう。我々にはまだ言えないような」。

我々は経験上、すべてのカードが表向けられテーブルに置かれているのではないとわかっている。手段としての真実に政治家の個人的な好みがどれほどの偏りを持つにせよ、彼は政策の一環として真実を扱うようにまず間違いなく強制されるからである。この点における証拠は圧倒的である。真実への純粋な情熱から軍隊の安全を危険にさらす政治家はいない。彼が全員に明かすことで外交上の交渉を危険にさらすことはない。選挙における優勢を失ってまで率直に話すことはない。告白が精神的に良いからといって、彼が自らの過ちを認めることはない。真実の公表を統制する力がある限りにおいて、彼は行動、取引、士気、名声の必要性を勘案しそれを操作する。必要性の判断を誤るかもしれない。意図の善良さを誇張するかもしれない。しかし、目的が公的な事柄にあるのなら、信念の軽率な表明に逆らい配慮する明らかな必要性も存在する。彼の心は民の心でもあるというフィクションに従っては、公人は行為せず行為できない。

怒れる民主主義者がすべての公人を不誠実だと退けるようには、あなたはこのことを説明できない。個人的なモラルの問題ではない。実業家、組合の指導者、大学の学長、牧師、編集者、評論家、予言者、全員が「我々はしばしば速く行きたいと望むものだが、あまり熱心でない仲間に合わせてペースをゆるめる……大胆さは注意深さと混じり合い、分かちがたい大衆の中で我々は有権者とともに歩むのである」(28)と書いたジェファーソン〔トーマス・ジェファーソン、一七四三―一八二六。アメリカの政治家、大統領〕のように感じるのである。

「分かちがたい大衆」の必要性は事実を二の次にさせる。必要性がしばしば本当ではないと論じたいのではない。政治家が私に、事実の全容を明かすことが彼にとって安全ではないと語るとき、彼を全面的に信頼しているなら、信頼することで私はこれについて満足である。話すことを率直に拒否することで、誤解を招くようなことはない。災いは、すべてが語られているふりをすること、公衆が公的な人間として完全に自信をつけることからもたらされる。その災いは、公衆、そしてそれを構成する個人が一つの精神、魂、目的を持つという屁理屈に端を発している。面と向かって率直に見さえすれば、それはばかげた屁理屈だとわかる。必要のない屁理屈である。薬を無視しつつも医者としてうまくやり、機関車を動かせないのに運転手となるからである。その上、農業手形の功罪について試験に合格できなくても、我々は上院議員としてうまくやれるのではないか。

程度の差はあれ、それぞれに異なる個別の目的が世界にはある、という余地をまるで認めるる気のないアイデンティティに基づく一致団結という考えを、我々はいまだに深く教え込まれている。一元的な理論は卓越した安定性を持つ。団結しなければ、離ればなれになってさまようことになると我々は恐れている。主にラスキ氏〔ハロルド・ジョセフ・ラスキ、一八九三—一九五〇。イギリスの政治学者〕が唱えるような多元主義の理論は「アナーキーを手引き(29)」するように思われる。しかし、その考えははなはだ誇張されたものである。正確には、個別の機能がもっとも明瞭に定義され、整然と調整されているところで、社会のそれら領域におけるアナーキーがもっとも少ない。明白な定義がなく目的の区分が押し隠され混同しているところや、誤った統一体が崇められ、それぞれの特殊な利害が自らを人民の声と絶えず宣告し、その目的を全人類のものとして全員に当てはめようとするところでは、国民や、雇用者、被雇用者のあいだ、そして区域間、階級間、人種間といった不明瞭な中間地帯に、もっとも多くのアナーキーが存在する。

三

この混乱に対し、リベラリズムは穏やかな志を持って大いに貢献してきた。その洞察は主に個人の偏見へ向けられた。自由主義者は人に限界があり、その肉体から逃れられないことを確かめる術を見つけた。精神的欲求に映る物事の影とベーコン〔フランシス・ベーコン、一五六一―一六二六。イギリスの哲学者〕が言うように、いわゆる啓蒙思想の時代から今日まで、批評という大砲は、彼らが提起したことを人々に実現させるために使われてきた。人はもって生まれた世界に属するという事実により、一元的なものの見方が打ち砕かれるなら、絶対的な確かさという彼の偽装はいたるところから攻撃される。理念と慣習の歴史を見せつけられ、時と場所、状況によって人々は拘束されるということを、認めざるをえない。すべての意見にはバイアスがあり、欲望を消去した意見でさえそうである。というのは、意見を持つ者は特定の時と場所に立たねばならず、すべての世界ではなく、その地点から見える世界だけを理解することができるからである。だから、人は自分の目を通してわずかなものを見、多くは他人が考えた報告書を通して知るのだということを学ぶ。彼らは、人間の目がすべて、ものの見方という習慣を持ち、それはしばしばステレオタイプ化され、ある考え方へ事実を常に投げ入れるということ、すべての経験は、愚直な精神がうすうす感じるものよりいっそう複雑であるということを理解させられた。世界なる絵は部分的に見たり聞いたりして描かれており、おぼつかない手つきで物事の影を扱い、無意識に心の欲望へと服従するからである。

それは心を乱す驚くべき意外な事実であり、リベラリズムはどうかかわればよいのかわからなかった。モスクワの劇場で、エヴレイノフ〔ニコライ・エヴレイノフ、一八七九―一九五三。ロシアの劇作家〕はその意外な新事実を論理的な結末へと導いた。彼は一人芝居を上演した。[30]これは主人公から見るように、観衆が一人の登場人物の目を通して、行動、設定、すべての登場人物を見るという劇であり、それらに備わるものを想像するという特徴を持つ。ゆえに古い劇場で、もし主人公が飲み過ぎたなら、彼はしらふのなかで千鳥足となる。しかし、エヴレイノフの最高にリベラルな劇場では、私がマガウアン〔ケネス・マガウアン、一八八八―一九六三。アメリカの劇評家、映画プロデューサー〕の説明を正しく理解したとして、酔っぱらいが街灯のそばで千鳥足になるのではない。街灯が彼のまわりでぐらぐらと揺れるだろう。そして彼はナポレオン・ボナパルトのように着飾るだろう。それは彼がそう感じたからである。

エヴレイノフが道化師の帽子をとり、おどけた姿を他人に見せる狂気じみた世界を閉じてリベラルな演劇を終わらせたとき、私は大いに困惑させられた。しかし、次いで私はエヴレイノフの論理が不完全であり見せかけのものであることを思いだした。彼は初めから酔っぱらいの主人公の外でしらふのまま立っていた。つまり、彼は自らの観衆である。結局、世界は幻想という霞では成就せず、酔っぱらいの主人公は自らの視点を持ってはいるが、結局、彼が人生の道筋で出会うことと同様、本物のように他者も存在する。我々が物事それ自体ではなく、心の欲望に照らされた物事の影に従うことを確かめようとするとき、そこには一人芝居とその主人公、そして我々の幻想を邪魔しようとする警官、すなわち彼自身がいるのかもしれない。

リベラルな批評の穏健さを擁護できても、個人の偏見に気がつくだけでは次の質問に答えられない。すべての行動はだれかによってとられねばならず、だれもがある程度、ぐらぐらと揺れる街灯のそばにいる酔っぱらいの主人公だとすれば、特殊な目的を持つ想像上の人物によって、どれほど公益を増やすことができるのか。答えは、オーケストラでバイオリンやドラムが調和するがごとく、目的を飼い慣らし啓発し互いに馴染むよう促すことである。因習を打破することに代わり、同一性の幻想にいまだつきまとわれた十九世紀において、その解答は受け入れられなかった。そこで自由主義者は調和を描くことを拒み、バイオリニストとドラマーを分けた。代わりに彼らは本能へと気高く訴えかけた。人々の頭越しに話しかけたのである。

これら一般的な訴えは幅広くも漠然としていた。誠意を持って振る舞うにはどうすればよいか、人々にまったく手がかりを与えず、気まぐれに振る舞うことのできる立派な仮面舞踏会を彼らにあてがった。リベラリズムの装飾は儲け主義の搾取者、利得を漁る者、禁酒法支持者や盲目的愛国者、知ったかぶり、人気取りに使われるようになる。

というのは、リベラリズムが豚をローストすると言って小屋ごと焼き払ったからである。個々人すべてに先入観を発見することは、回復の見込みがない衝撃を自由主義者に与えた。

一般論に逃げ込むという必要にして完全に明白な真実の発見は、彼にまったく冷静さを失わせた。あらゆる人の良心に訴えることは、行為の仕方をだれにも教えないことであり、投票者、政治家、労働者、資本家は、自由主義の思想から知的に導かれたものではない、誇大な自由主義の意見とともに、その場限りの規範を組み立てなくてはならない。やがてリベラリズムは、自由貿易や自由放任主義との偶然の結びつきを失い、実際、それらを放棄することを通して、悲しいことに、必要にして有用な自らの存在理由を、あらゆる場所で価値を持つある種の親切な言い逃れとして見いだした。哲学ではなくその場限りの理由を持った個々人が反目しあうとき、その言い逃れは姿を現し、最後には、彼らが見せた恣意的なバイアスを片付けるからである。

だが、こうした実体を離れた状態においてさえ、リベラリズムは重要である。それは穏健な精神を目覚めさせる傾向を持ち、激しい行動を和らげる。それは事態から関係者を排除するため、行動を支配しない。すべての主な哲学とは異なり、あなたはこれをする、あれをすると言うことができない。公平ではない、利己的である、専制的であるとだけ言うことができる。それゆえリベラリズムは敗者の擁護者であり解放者であるが、自由なのだから指導者ではない。勝者は自ら容易にリベラリズムの側を離れ、解放の武器ではあるが生き方ではないことを忘れた自由主義者に気難しい反応を示す。

自由主義者は彼らに訴えかける公衆の特性を誤解してきた。事実、ある状況下で公衆は当事者の一人を支援して歩調を合わせるが、直接的には関係がない。しかし、自由主義者は公衆について、こうした控えめな見方はしない。全人類の魂は一つであり、互いに聞こえる範囲にいるのだから、何か聞けば均一に反応するだろうと考えてきた。世界主義的で普遍的な私心のない直感に訴えるのは、だれに対する訴えでもないと言うに等しい。

現実に生活している人々の政治哲学にこうした誤謬は見いだされない。弊害に立ち向かうには、特別な代理人を呼ぶ必要があるということを、当然のことながら想定している。思想家は人類に腹を立てているときでさえ、これまで常に自らのキャンペーンの英雄を何者かに担わせてきた。世界で大きな役割を演じた理論の中でも、英雄を完全に排除しようとするのはリベラリズムの独自性である。

プラトンは確かにこうした奇妙な英雄を考えてきた。『国家』は支配階級に適切な教育の小冊子である。十三世紀、フィレンツェの混迷にあって、秩序と安寧を求めたダンテはキリスト教世界の良心ではなく皇帝派に語りかけた。近代の偉大な国家創立者、ハミルトン〔アレクサンダー・ハミルトン、一七五五（一七五七）―一八〇四。アメリカの政治家〕、カブール〔カミッロ・カブール、一八一〇―六一。イタリアの政治家〕、ビスマルク、レーニンは、計画を実現することになる実在する人々のだれか、あるいは集団を念頭に置いた。確かに理論の代行者は多様であった。地主、小作人、組合、軍人、製造業者である。教会、各国の支配階級、ある国民、ある人種に語りかける理論がある。自由主義の哲学を除けば、理論はいつもだれかに語りかける。

それに比べ、自由主義の哲学は曖昧で浮世離れした感じがある。それでも人々のそれへの関心は根強く、それはふとした論理の間違い、実践上の弱点にどうにか人の必要を触れさせる。人々から人へのこうした訴えは、人々は平和を望み、すべての人々が生き、生きようとする到達可能な調和があると言いたいのではないか。私もそう思う。特殊な目的から普遍的な目的へ逃れようとすることは、確かに人の問題から逃避することであるが、それは同時に、我々がどれほど問題の解決を見たいかという表れでもある。我々はできる限り生まれる前の安らかな調和を求める。たとえ人間は好戦的な獣であると言う人がいても、すばやく手を伸ばし彼を逃れられなくする敵と、申し分なく戦える世界を彼は望むだろう。すべて人は完璧な調和を願うが、限りある人間として、自分なりの条件でのみそれを望むのである。

リベラリズムは変わらないものに対する普遍的な調整の必要と、個人の目的という現実を調和できないため、不完全で実体のない哲学にとどまった。「一と多」という古代の問題に挫折した。だが、我々が社会を擬人化することをやめさえすれば、問題の解決はさほど困難でもない。社会を擬人化せざるをえないときにのみ、別々の個人をどれほど一つの均質な個人に統一できるのかについて、我々は頭を悩ませる。物事の名というより、人と物事の調整として社会という言葉を考えるなら、こうした論理の下草は刈り払われる。次いで我々は論理的な呵責なしに言うことができる。常識が率直に語りかけること、すなわち行為する個人は社会ではなく、考える個人も集合心とは言えず、絵を描く画家が時代の美的精神なのではない、戦い殺される兵士は国家ではない、輸出を行う商人も国とは関係がないということを。社会を構成するのは互いの関係である。それら関係の調整とは、特別な騒動に執行上、関与しない個人が、輿論を抱き公衆として干渉することである。

第15章　統治者不在

一

一元的な社会理論の実際的効果は、生活の中心において政治経済の幅広い集中を合理化してきた。社会はそれ自体、有機的な目的を持つと考えられたため、その目的が中央からの法律や決定によって人々に明かされるべきだというのは、まったくもっともな話と聞こえるようになった。命令による強制を受け入れさせるなら、実際に国民の目的であるかのように見せるには、すべてを束ねるルールとして言い渡されるべきなら、だれかが彼に共通の目的として扱えるものを示さなくてはならない。したがって人々はゲーテとともに言う、「そしてついに、力強い仕事が立ち上がった。一つの心は千の手に足るものである」[31]。

こんなふうに大社会は褒めたたえられた。二〇〇〇年前、中国やギリシャ・ローマのように成熟したすべての文明は、ほかをまったく無視して共存することが可能だった。今日、食糧の供給や原材料、製造、コミュニケーション、世界平和は一つの巨大なシステムを構成する。全体を妨げることなく、部分におけるバランスを放り出すことはできない。

上から見れば、広大で複雑な調整を持つシステムは壮観である。進歩したコミュニティに住む全員は一目瞭然、ほかに依存しており、楽観的な人が考えるように、究極的には人類の友好をさえ意味するのかもしれない。しかし、個人は常に上からシステムを見ているのではなく、究極的な純理論的可能性においてそれを理解している。実際には彼にとって、生活の物質的水準が確かに上昇し、神経をすり減らす中で運命を左右する気まぐれな力が増えることを意味する。現金で売ることができないジャガイモを栽培するためお金を投じるその国の隣人が、じかに現金で支払いをする村の店舗からの請求書を見て、世界の相互依存という哲学的で楽観的な見方を分かちあうことはない。ニューヨーク市の見知らぬ委託業者が彼のジャガイモを拒絶したとき、その不幸は干魃やイナゴの発生と同じくらい彼を愕然とさせる。

遠い昔から宗教が正しいと定めてきた風や天候のみならず、五月に植えて九月に収穫することが、手元ではほどけていくるが遠くではもつれている人為的な申し合わせによって決められる。彼は祖先より豊かであり、より裕福で健康、おそらく幸福でさえあるだろう。しかし、彼はわけのわからないままに、見知らぬ人々の振る舞いに賭けている。目に見えないところで運営される市場との関係が、彼にとって決定的に重要である。彼自身の見通しは頼りにならない。彼は視界の彼方にある鎖と結ばれている。

販売術と投機の演じる役割が、働く人がなすことと、その結果とのいくらかの広がりとなる。ランカシャーで作ったものを売買するというのは、ディブリー〔ジョージ・ビニー・ディブリー、一八六八―一九五二。新聞『マンチェスターガーディアン』の経営者〕に言わせれば[32]「ランカシャーにあるほかの町の販売組織は言うまでもなく、マンチェスターやリバプールの商人、卸商でさえ、綿取引の製造業すべてが必要とするより多くの資本を使っている」ということになる。アンダーソン〔ベンジャミン・マカリスター・アンダーソン、一八八六―一九四九。アメリカの経済学者〕の計算では[33]、一九一五年にシカゴで受け入れた穀物は、その後、六二倍となって売られている。現金取引では計り知れない。人が見たこともない不確かな市場に向けて生産するところでは、「事業の初期計画[34]」は適切にはなりえない。調整はしばしば大ざっぱで高くつき、販売術と投機によって影響を受ける。

こうした状況では、最初から終わりまで経過を左右する職人の原則や、倹約、節約、労働といった美徳は、成功したキャリアの完全な導きとはならない。デフォー〔ダニエル・デフォー、一六六〇―一七三一。イギリスの作家、ジャーナリスト〕は『完全な英国商人』(35)で「取引は人々が仮面で現れ戯れに演じる舞踏会ではない……率直にして誠実な生活のそれとわかる場面であり……質素と倹約によって支えられている」、それゆえ「慎重な経営と倹約が運を地位へ導くのである」と言うことができた。ベンジャミン・フランクリン〔一七〇六―九〇。アメリカの政治家、科学者〕は「誠実な努力に祝福を求めるすべてに対し、世界を統べる神が賢明な摂理ではなく別の決意において天恵を与えるとすれば、すべてを誠実に得ることができる彼は（必要経費を除いて）得たものすべてを蓄え、間違いなく金持ちとなるだろう」と考えてもよかった。神の気まぐれに対するフランクリンのやや機転の利いた割引は必ずしも含まれないのだが、つい最近まで、デフォーやフランクリンのまさにその言葉が若者に勧められてきた。しかし、成功について、近頃の福音書は倹約より夢、商業のメッセージを多く含む。すべてが大げさでもったいぶりつつも、この新しい福音書は、商業で成功するには見知らぬ環境を超えて想像力を働かせねばならない、という真実をおぼろげにだが興奮気味に指摘する。

こうした必要が大規模組織への避けがたい傾向を生じさせた。経済の悪魔、巨大な独占や破滅的な競争から自らを守るため、農民は中央集権化された巨大な販売機関を設置する。実業家は巨大な事業者団体を形成する。委員会とその専従秘書の数が算定できなくなるまで、だれもが組織を作った。その傾向は広がる。私の記憶が確かなら、我々には全国スマイルウィークがある。いずれにせよ、我々には、そこで禁酒を望めば、あらゆる場所で禁酒せねばならないネブラスカがある。国際的な物流を支配するにはあまりに弱く、ネブラスカは独立して生活できない。我々には、社会主義は彼らの惑星でのみ養うことができると確信した社会主義者がいる。我々には、資本主義は彼らの惑星でのみ存続すると確信するヒューズ長官〔チャールズ・エバンス・ヒューズ、一八六二―一九四八。アメリカの国務長官、連邦最高裁判所判事〕がいる。我々には、後進的な人種を進歩させずにはおれない帝国主義者がいる。そして、我々には、全国的な規模で憎しみを組織し売り込むなら、以前より多くの憎しみをもたらせると説くクー・クラックス・クランがある。我々には、一九一四年より以前、「世界的な力か没落か」を選ばねばならないと告げられたドイツ人や、一九一九年以後の数年に、ほかのすべてを不安に陥れることなくヨーロッパにおける「安全」はないというフランス人がいる。我々には、予測不可能な環境において、自らの都合という標準により関係するすべての人々に安定を要求する、衝動的な感情のありとあらゆる発露がある。

それは同じ法と慣習の下へより多くの人々を連れ込む絶え間ない努力を必要とし、その上、もちろん、このより大きな領域における立法機関や執行機関の支配を当然と見なす。効力は中央政府や遠く離れた執行部、幹部会、運営委員会に集中することになる。良いか悪いか、永久的か一時的かはともかく、少なくともこの力の集中は確かである。これら中央で決断する人々は、彼らが統治する人や扱う事実から遠く離れている。たとえ彼らが忠実に代理人または受託者と自らを見なすにしても、人民の意思を実行するというのは純粋にフィクションである。彼らは人民をうまく統治するかもしれない。人民との積極的な協議で統治するのではない。結末の細かいところでのみ判断し行為する有権者に応え、彼らはよくて大まかな政策を決定できるにすぎない。特別な利害の無数の取り合わせを覆い隠すある種の全体を統治者は見るからであり、その悪弊は形式主義や官僚主義として政策に現れる抽象化や一般化である。逆に統治される者は、およそ想像しえない全体の鮮やかな側面を見る。彼らにおなじみの悪弊は、狭い偏見を普遍的な真実と取り違えることである。

決定がなされる中央と世の中の主な仕事がなされる場所とのあいだに広がる隔たりは、

これまでの理論家すべてがあてにしてきた輿論という原則をむしばんでいる。[36] 一世紀前、大衆政治のモデルは、有権者の意見が形づくられ隣人との会話によって集約される自給自足の郡区であった。彼らは魔女や霊、外国人、そのほかの世界についての風変わりな意見を歓迎したかもしれない。しかし、自らの村について、事実が根本的に争われることはなく、慣習法という周知の先例に従って巧妙に長老が抑えられないことなど起こりそうになかった。

しかし、有権者不在の政府の下で、こうした意見の点検は欠けている。結論はしばしばあまりにかけ離れ、やっとのことでなければ、誤りはすみやかに暴かれない。事実を調整するにはほど遠く、はっきり我々の判断であると見なされることはない。現実は近寄りがたく、主観的な意見の範囲は広大である。互いに依存した世界で、慣習や客観的な法よりむしろ欲望が人の行いの基準となる傾向がある。他人の安全を犠牲にしても、彼らは「危険」に対し幅広い要求を表明し、望むものを望むときに採用するところの国家の命運を満たすために、ほかの人々の好みや楽しみを犠牲にしても「道徳」をあまねく定式化する。行いと経験、主張と効果のあいだの隔たりが、それぞれの思想家に自分について考え、自分の感性について繊細な感覚を持つという自己表現の崇拝を育ませた。その結果、彼が問題の筋道に深い影響を及ぼせないというのも、驚くにはあたらない。

二

大社会という中央集権化の傾向は、抵抗なく受けとめられたのではない。それに対抗する事例がいく度も語られてきた。[37] ド・トクヴィル〔アレクシス・ド・トクヴィル、一八〇五―五九。フランスの政治家、歴史家〕は言った。地方に組織を持たずとも、国民は自由な政府を持てるかもしれない。しかし、それは自由の精神を手にすることではない。一点に力を集中すれば占有は容易となる。「何をするつもりなのか」とアーサー・ヤング〔一七四一―一八二〇。イギリスの農業経済学者〕はフランス革命に際し田舎者に問うた。「わからない」と彼らは答えた。「パリがすることを見に行かねば」。遠く離れた中央から操作される地方の利害は、多忙で無頓着な人々によってぞんざいに扱われる。そのうち政治能力について地方の訓練や識別はおろそかにされる。仕事を抱え込みすぎた中央当局は、積み上げられた膨大な文書をさばき、常に紙の上で記号を操り、まれにしか物や人に接しない官僚や事務官の広大な序列へと拡大する。中央集権化の天才たちは、フランス教育相の有名な自慢話で頂点に達する。彼は言った。三時だ。ちょうど今、第三学年の生徒たちは全員、フランスの隅から隅までラテン語の詩を作っている。

くどくど説明する必要はない。中央集権化すればするほど、関与する人民が助言を求められ同意を与えることは少なくなる。決められたルールが拡大すればするほど、事実や特別な事情への配慮が少なくなる。局所的な経験と対立し、原因から離れ、その性質を大ざっぱにすればするほど、それを守らせることは難しくなる。一般化されたルールは特殊なニーズを妨げる傾向を持つだろう。遠く離れて適用されたルールはたいてい同意の拘束力を欠く。人々のニーズにあまり合致せず、いっそう彼らの心から離れ、それらは慣習や理性よりむしろ物理的な力に頼っている。

統治者は庶民の代弁者であるというフィクションによって中央集権化された社会は、個人の主導権を低下させるのみならず、輿論の役割をささいなものへと貶める傾向を持つだろう。全人民の行動が集約されるとき、公衆はあまりに茫漠としており、特殊な争点でなされたありのままの客観的な判断でさえ実際的ではなくなるからである。公衆が数百万ともなり、争点が互いに救いようもなく紛糾するとき、前の章で指摘した、ルールの実行可能性、または新たな提案の健全さを判断するというテストにほとんど価値はない。このような状況下で民主主義や輿論の改善について語ることは無駄である。こうした途方もない複雑さで、公衆は政権に周期的に激しく同調する以上のことはしない。後はもっとも都合よく、その仕事を我慢し、言われるがままに従うか逃れるかである。実際のところ、有機的な社会理論は力の集中、すなわち、一つの目的という考えを状況に際して実際に具現化する方法だからである。言い換えればこれは、自らの目的について挫折を受け入れるか、すべての人々の目的であると装う中央権力の公表された目的をどうにかして打ち砕くかの、いずれかを意味する。

第16章　無秩序の領域

一

今なお、中央集権の習慣と社会を擬人化する哲学が人を捉えて離さない。その危険はよく知られている。にもかかわらず、その習慣と哲学が持続するなら、誤った教義によって人を惑わせてきたというだけでは済まされない。

禁酒法、児童労働に関する修正条項、連邦政府の教育統制、鉄道の国有化など、高度に中央集権化された手段の支持者たちが数え上げる困難は、調べてみれば、私が思うに、一つの支配的な考えに集約できる。すなわち、すべての問題要因に統制範囲を拡大する必要があるか、問題はいずれにせよ解決できないかである。

ロイド＝ジョージ氏が政権末期、批判者に直面して訴えたのがこの考えであった。巧みな論客の言葉であるとはいえ、背後にある考えは、すべて大社会の帝国的、中央集権的傾向のこの上ない思惑とも呼べそうである。

「グレイ卿〔エドワード・グレイ、一八六二―一九三三。イギリスの政治家〕はバルカン諸国に平和をもたらそうとした。彼は平和をもたらした。その平和は、ロンドンからバルカン諸国へそれを運ぶ列車の揺れに耐えなかった。それはいつもソフィアに到着する前に粉々となる。彼の責任ではない。計画は良かった。意図はすばらしい。だが、彼が統制できないところに要因があった。ドイツの外交は彼にとってあまりに強すぎた。ブルガリアの我々に対する参戦を妨げようと試みた。最も重要な問題として、彼はトルコ人の我々に対する参戦を妨げようと試みた。再びドイツの外交は我々を打ち負かした。さて、いま私はそのことで、決してグレイ卿をなじるつもりはなかった。今もなじるつもりなどないが、私が言わんとするのは、あなたが外交問題の領域に足を踏み入れるとき、私があなたに言わない目に見えない事態があり、何かしたからといって、影響を及ぼせない要因があるということなのだ(38)」。

ロイド＝ジョージ氏は国内問題について同じことを言ったかもしれない。そこでも、あなたが影響を及ぼせない要因は数多くある。そして、帝国が前線を守るために拡大し、次いでその前線を守るためさらに拡大するがごとく、中央政府は統制下に次々と着実に関心を広げるよう導かれてきた。

二

民主主義がこのジレンマにつきまとわれるためである。すなわち、ルールを規定する際、多くの同意がなければそれは挫折する。にもかかわらず、同意の原則を必然的に無視する広汎なルールを用いて中央集権化された統治を行う以外、大きな問題の解決は見つからない。民主主義を悩ませる問題は、民主的方法では扱いにくいようである。

最大の危機において、ジレンマは間違いなく生じる。おそらく、民主主義のために戦争を戦うことはできても、民主的に戦うことはできまい。ことによると、突然の革命が民主主義を前進させるかもしれない。しかし、革命それ自体は独裁的に行われるであろう。民主主義はその敵に対して守られるのであるが、それは安全委員会によって守られるのだ。民一九一四年以後の戦争と革命の歴史は、この点におけるあり余る証拠である。危険が存在し、迅速で非常な行動が求められるところでは、民主主義の方法を使うことができない。それは十分理解できる。しかし、緊急ではなくあまり破滅的でもないときに、民主的な方法を一般に断念すべきだろうか。なぜ平時に権力行使のコントロールを人々から奪う中央集権化を引き起こすべきなのか。争点あるところ平時でさえ、危険は手段を選ばず手近でもっとも簡潔なやり方として、人々に救済を求めさせるに足る脅迫であるというのが、答えなのではないか。

私が思うに、その非常に抗しがたい争点は二種類ある。国防や公安に向けられるものと、近代資本主義の力に向けられるものである。武装した敵との関係が問題となるところ、あるいは従業員と顧客、農民と巨大産業との関係が問題になるところでは、解決の必要性が民主的な方法への関心に勝ってきた。

国民国家の台頭や大規模産業の発達によって生じた争点に、現代世界の本質的に新しい問題を見いださねばならない。これら問題の解決に先例はわずかしかない。確立された慣習や法もない。国際問題と産業関係の領域は、社会におけるアナーキーの二大中心地である。それはすべてに行き渡るアナーキーである。恐ろしい軍事力を持つ国民国家や、洗練された経済の強迫を伴う大規模産業から、身の安全に対する脅迫は常に生じている。それをなんとか相殺し、抑止することは、同意の原則に対する細かな配慮より重要であるように思われた。

国民国家の脅迫に遭い、その隣人はさらに強力な国民国家へと自らを変貌させ、資本主義の力を飼い慣らすため、巨大な官僚制度の発達を支援した。危険で制御不能な力に対抗し、彼らは自らのものとは名ばかりの、同じく広大で制御不能な力を設置した。

三

しかし、これら力の巨大なバランスにより得られた安全は、危うげな幕間でしかない。一八七〇年から一九一四年、世界は均衡を保った。それがひっくり返され、世界はいまだ新しい秩序を見いだせずにいる。国家間の力のバランスは実に不安定である。というのも、産業にしても国際問題にしても、いまだルールによって固定され組織形態が与えられるほどに十分長く、バランスは維持されていないからである。時折そこかしこで力は力によって阻まれてきたが、力は力に対し容認された安定的な条件へと調整されてこなかった。

力で力を相殺しそれを制御するという企ては意図に適う。恣意的な傾向を持つすべての力がほかの力に阻まれない限り、人々の相容れない目的は平和の下にない。交渉人の力がほかに対し中立であるところでのみ、すべての会議、平和的交渉、法の仕組みや合理の原則は大事について機能する。事実、党派が等しく強力であれば中和されるかもしれない。世界のほかの力や国内問題で弱者がほかの利害と手を組むなら、それは中和されるだろう。しかし、法の存在は秩序を前提とする。秩序とは力の配置である。

国家主義者と集産主義者について言える最悪のことは、持ちこたえられない力のバランスを確立しようとしたことである。多元主義者なら少なくとも、追求する目標は別々に達成されねばならず、広大で大仕掛けな力のバランスに代えて、多くの精密なバランスを生みだす必要があると言うだろう。中央集権化された政府を支持する人民は、総じて資本主義を飼い慣らすことができない。資本主義という用語で要約される力が多いからである。それらは人々の異なる集団を別々に圧迫する。単位としての国民はそれらすべてに遭遇することなく、それらすべてを扱うこともない。彼らを圧迫する恣意的な力を相殺するであろう力を我々は探さなくてはならないと、それは人々の異なる集団を心配させる。資本主義の法制化は、一般的な制定法によって大仕掛けに資本主義を叩くという問題ではない。すべての工場で、すべてのオフィスで、すべての市場で、細部にわたって恣意的な力をくじき、産業が恣意的な力ずくの支配から安定したルールの支配へ、関係の全ネットワークを向けるという問題である。

そこで国家はアナーキーにある。市民の行為すべてを有機的な国家の行動として扱うなら、力の安定したバランスは不可能である。ある実業家の口論は、彼らの口論であり国家のものではない。言い分の愛国的主張にではなく、公平な裁きに対して弁明の機会が与えられる口論である。ここでもアイデンティティというフィクションを壊す必要がある。秩序立ったプロセスの下で境界をまたぐ数多くの紛争を漸進的に起こすには、私的な利害を分離するよりない。国家間の紛争の大部分、おそらくその最大部分は、国民のあいだで決着のつかない紛争の積み重なりであるからだ。依頼人の代言者としてではなく法廷の助言者として行為する政府が、全国民と山師を混同することなくこれら本来的に私的な紛争を扱えるなら、政府間の力のバランスは容易に保たれるだろう。疑いの果てしないプロパガンダ、国民の支持を得ようとする私的な利害によって、それぞれの国民の中から絶え間ない非難を受けることもないだろう。そして、政府間の力のバランスが国際会議に対し慣例の糸口をつけるのに十分長く安定できさえすれば、より長い平和が訪れるかもしれない。

四

輿論の性質と民主主義の理論をそれなりに結びつける試みとして、大ざっぱではあるが、概略、これらが結論であるように思う。私は輿論を神の声ではなく、社会の声でもなく、行動を傍観する私心ある者の声と考えてきた。傍観者の意見はしたがって、本質的に行為者のそれと異なるものでなければならない。彼らがとることのできる行動も本質的に異なる。論争において公衆は、執行者とは質的に異なる独自の機能と方法を持たねばならない。私的な目的が共通の目的の単なる表れであると信じることは、危険な混同であるように思う。

この社会概念は輿論に汎神論の力を授けるよりも真実であり実際的である。行動中の人に普遍的な目的があると仮定せず、共通の目的の代理人であるというフィクションにも欺瞞的な支持を与えない。言い訳やばつの悪さにかまわず、彼らは特殊な目的の代理人と見なされる。彼らはほかの特殊な目的を持つ人々とともに、世界を生きねばならない。なされねばならない調整が社会であり、最高の社会とは人々の不満を最小限に目的を実現できるものである。他人の目的という立場をとるとき、人は公衆として行為している。この役割を演じる目標は、特殊な目的が成り立つように状態を進展させることにある。

それは直接関与している個人に信頼をゆだねる理論である。彼らが提起し執行し安定させるのである。無知でおせっかいな部外者からの干渉は、最小限に抑えられるだろう。この理論において、公衆は調整できない危機があるときにのみ介入し、問題の実際には触れず、調整を妨げる恣意的な力を中和する。それは公衆の一員として人々に注意力を節約させ、まったくなす術のないところでは、できるだけ何もしないように求める理論である。人々が公衆であるとき、果たすことのできる部分、社会的混乱で自らの利害が最大限に一致する部分、つまり乱れを和らげる助けとなる介入に努力を限定し、それは自らの問題に立ち返ることを許すのである。

それが彼らがもっとも関心をよせる彼らの特別な問題の追求だからである。生活を良くすることは個人の私的な労働による。輿論や大衆の行動によってなされることに、私は重きを置かない。

五

私に提案できる立法計画や新しい組織はない。現在の民主主義の理論には、行動をくじき、ゆがめる計り知れない混乱がある。誤った哲学は経験という教訓に逆らい考えを型にはめる傾向がある。それ以外にはまったく確信のないまま、私は混乱のいくつかを非難してきた。我々が仮定する想像上の力としてではなく、ありのままとしての輿論を学ぶとすれば、その教訓がどうなるのか私にはわからない。「曖昧な言説の当惑は……懸念を紛らわせ、追い払い、情念を刺激して焚きつける」というベンサムを理解するなら、それで十分だろう。

〈原註〉

（1）Philip Guedalla, *The Second Empire* より引用。

（2）Logan Pearsall Smith, *More Trivia*, p. 41.

（3）Simon Michelet, *Stay-at-Home Vote and Absentee Voters*, pamphlet of the National Get Out the Vote Club、また A. M. Schlesinger and E. M. Erickson, "The Vanishing Voter," *New Republic*, Oct. 15, 1924 と比較。有効な一般投票の割合は一八六五年から一九二〇年に八三・五一％から五二・三六％に減少した。

（4）Charles Edward Merriam and Harvey Foote Gosnell, *Non-Voteing: Causes and Methods of Control*.

（5）James Bryce, *Modern Democracies*, Vol. II, p. 52.

（6）A. Lawrence Lowell, *Public Opinion and Popular Government*. 付録と比較。

（7）Robert Michels, *Political Parties*, p. 390.

（8）Logan Pearsall Smith.

（9）J. Arthur Thomson, *The Outline of Science*, Vol. III, p. 646 で述べられているところによる。

（10）*Creative Evolution*, Ch. III.

（11）拙著 *Public Opinion*, Chapters XXV and XXVI〔掛川トミ子訳『世論』下巻、岩波文庫、一九八七年、第二十五・二十六章〕と比較。

(12) 拙著 *Public Opinion*, Chapters XIII and XIV〔同前『世論』下巻、第十三・十四章〕と比較。

(13) 一八三二年の選挙法改正法案における演説。*Times* (London), July 12, 1923 からの引用。

(14) *The Revolutionist's Handbook*, p. 179 への序文。

(15) *Parties and Party Leaders*, p. xvi.

(16) H. Delbrück, *Governmemt and the Will of the People*, p. 15. Roy S. MacElwee による翻訳。

(17) *Discourse on Method*, Part I.

(18) T. R. Malthus, *An Essay on the Principle of Population*, Chapter II.

(19) A. M. Carr-Saunders, *The Population Problem*, p. 28.

(20) マルサス自身、著書の新版でこのことを認めている。

(21) この関係について W. F. Ogburn, *Social Change* の各所、とりわけ Part IV, I, on "The Hypothesis of Cultural Lag" と比較。

(22) しかしながら、火器の向上をめぐる論争は、非常に多くの要因が変化しうるところで力の均衡を保つことがいかに難しいかを示している。

(23) Gustav Cassel, *A Theory of Social Economy*, Chapter I.

(24) 同書、p. 7.

(25) 一三、一五条。

(26) 四、五、六、七、八、一〇条。

(27) John Maynard Keynes, *A Revision of the Treaty*, p. 4.

(28) ウィリアム・ワートへの手紙。John Sharp Williams, *Thomas Jefferson*, p. 7 より引用。

(29) Harold J. Laski, *Studies in the Problem of Sovereignty*, p. 24.

(30) Kenneth Macgowan, *The Theatre of Tomorrow*, pp. 249–50.

(31) *Faust*, Part II, Act v, scene 3.

(32) Dibblee, *The Laws of Supply and Demand*, cited by B. M. Anderson, Jr., *The Value of Money*, p. 259.

(33) B. M. Anderson, Jr., *The Value of Money*, p. 251.

(34) 同書。

(35) Werner Lombart, *The Quintessence of Capitalism*, Chapter VII と比較。

(36) 拙著 *Public Opinion*, Chapters XVI and XVII〔前掲『世論』下巻、第十六・十七章〕と比較。

(37) J. Charles Brun, *Le Régionalisme*, pp. 13–14 が簡便である。Walter Thompson, *Federal Centralization*, Chapter XIX も比較。

(38) 一九二三年十月十四日、マンチェスターでの演説。

訳者解説

河崎吉紀

ウォルター・リップマンはアメリカの政治評論家である。一八八九年九月二十三日、ニューヨークに生まれ、一九七四年十二月十四日、ニューヨークに死去した。八十五歳であった。

ユダヤ系ドイツ移民の裕福な家に育った。祖父は縫製業を営み、父の暮らしも質素なものであったが、母方の祖父が不動産投資に成功し資産を残した。上流ユダヤ人の多くが通う厳格さで知られる男子校を経て、一九〇六年にハーバード大学へ入る。社交クラブには入会できなかった。ウィリアム・ジェイムズはリップマンの書いたものを読んで彼を訪ね、以後、交流の機会を得た。三年で必要な単位を揃え四年目はジョージ・サンタヤナの助手を務める。フェビアン協会に興味を持ち一九〇八年に社会主義クラブを作り、一九一〇年に客員として訪れたグレアム・ウォーラスのセミナーに参加した。

学生生活の最後に新聞『ボストンコモン』の仕事を体験し、事実を記載するだけの仕事に失望したリップマンは、卒業後、雑誌『エブリボディズマガジン』の編集者リンカン・ステフェンズの助手となった。社会主義に対する関心はニューヨーク州スケネクタディ市長の補佐を務めることで実践に移された。市政の実務、市民の実際に失望したリップマンはそこを去り、最初の著作 *A Preface to Politics* を一九一三年に出版した。アメリカにおける文化的実験運動の中心であるメイベル・ドッジのサロンに出入りするようになり、金持ちから貧乏人、労働者、ジャーナリストなど多様な人物と交流を持つ。仲間には労働争議に参加する者もいたが、リップマンが実際に踏み込むことはなかった。

より中央集権化された政府によって公益を確保するというハーバート・クローリーは、雑誌『ニューリパブリック』の創刊に彼を誘った。資金はドロシー・ストレイトとウィラード・ストレイトという資産家から出ていた。雑誌の仕事を精力的にこなすなか、セオドア・ローズヴェルトを支持し、二冊目の著作 *Drift and Mastery* の執筆に取りかかる。第一次世界大戦前夜、リップマンはイギリスにいた。ウォーラスからハーバート・ジョージ・ウェルズを紹介してもらい、彼を通して人脈を広げる機会を得た。一九一四年、突然の事態に彼は驚いた。戦争が始まり帰国して以後、社会主義の運動とは決別、中央集権や科学による改革の方向へ向かった。

いまだ大戦への介入がない一九一六年、リップマンは大統領選でウッドロウ・ウィルソンの再選を支持する。彼は大統領に招待される身分となった。アメリカの参戦を望んでいた。陸軍長官に手紙を書き、徴兵を免れたリップマンは、後にウィルソンの腹心、エドワード・マンデル・ハウスから招集を受ける。ローマ法王の和平案を拒絶したウィルソンに講和の具体案を授ける仕事であった。根回しのないアメリカの一方的な通告であった一四ヵ条を連合国に理解させるため、リップマンは情報担当のアメリカ陸軍大尉としてイギリスに向かう。降伏条件をめぐる駆け引きに打ちのめされ、一九一九年、『ニューリパブリック』に戻ると講和条約に反対の論陣を張った。

一九二二年、ラルフ・ピュリッツァーの新聞『ワールド』に移る。給与も増え、ますます快適な生活を送るようになった。同年、リップマンの代表作『輿論』が完成する。その翌年、夏の休暇中に執筆されたのが本書『幻の公衆』である。ウォーラスが執筆中のリップマンを訪ねている。このときすでに政治家から助言を求められる存在となっていた。メキシコへの侵攻を阻止するため自ら交渉を引き受け、イタリアでムッソリーニにインタビューを行い、メディアと政界を行き来しつつ評論家としての実力を蓄えた。

その後、新聞『ニューヨークヘラルドトリビューン』に移り、論説「今日と明日」の執筆を開始する。これは全国に配信され長く影響力を発揮した。七十八歳まで書き続けた。前提よりも現実に目を向け、その時々の問題を実際に即して論じてきた。リップマンの多彩な人生についてはロナルド・スティール『現代史の目撃者——リップマンとアメリカの世紀』（浅野輔訳、T

BSブリタニカ、一九八二年)、ジョン・ラスキン『ウォルター・リップマン——正義と報道の自由のために』(鈴木忠雄訳、人間の科学社、一九八〇年)という優れた伝記を参照されたい。また、ジェームス・レストン編『リップマンとその時代』(村田聖明訳、時事通信社、一九六二年)にはアーサー・シュレシンジャー・Jrをはじめ、リップマンを論じた八編が収められている。

リップマンには未完を含め計二七冊の著作がある。なかでも『輿論』は大隈重信率いた大日本文明協会から一九二三年に中島行一、山崎勉治による翻訳が出版され、早くから日本に知られてきた。戦前、*Public Opinion* は『輿論』と表記され、戦後になって『世論』に改められた。本書では public opinion を「輿論」で統一し、public sentiment に「世論」を充てた。前者には「判断」、後者には「感情」の意味が含まれる。このほか、論説は一九三〇年に「米国新聞紙に現れたる二つの革命」(『綜合ヂャーナリズム講座』第九巻)、一九三二年に「満州問題に対する国際連盟の態度」(塚越菊治訳、浮田和民『満州国独立と国際連盟』所収)などが邦訳されている。一九三九年、*The Method of Freedom* の全訳、および *An Inquiry into the Principles of the Good Society* の抄訳、『ニューヨークヘラルドトリビューン』の記事を一冊にまとめた『自由全体主義』が服部弁之助訳で白揚社より刊行された。解説によればリップマンの論説は戦前、日本の新聞にもしばしば掲載され、「"Public Opinion" (1922) の著者として氏は早くから我国の一部の人々から注目されてゐたが、満州事変以来、氏の評論は広く一般に注意されるに到つた」という。翌一九四〇年、福田澄男訳『モスコー・ベルリン枢軸』というパンフレットが出版され、『ニューヨークヘラルドトリビューン』の記事、二編が収められた。

第二次世界大戦後、矢部貞治訳『公共の哲学』（時事通信社、一九五七年）を皮切りに、一九六三年、高根正昭他訳『世論』が世界大思想全集として河出書房新社から、大木雅夫訳『ヨーロッパの政治と経済』、黒田和雄訳『フルシチョフ会見記――英和対照』がそれぞれダイヤモンド社、原書房より刊行され、一九六四年、*Essays in the Public Philosophy* は原文の抜粋に斎藤忠利の註を付して松柏社より、一九六五年、リップマンの著作や記事を分解し項目ごとに編纂した『リップマンの真髄――自由民主主義のための政治哲学』が矢部貞治訳で時事通信社より出版されている。このように一九六〇年代前半はリップマンの翻訳ラッシュと言ってよい。

約二〇年後、掛川トミ子訳『世論』が岩波書店より一九八七年に刊行された。さらに二〇年が経ち世紀も変わって本書『幻の公衆』は二〇〇七年に訳された。この空白にリップマンの影響が薄れたのではない。むしろ三系統において不動の古典となった。一つは政治学、今ひとつは心理学であり、あとは広く世間に知られた用語である。

『幻の公衆』を直接に引き継ぐ政治学の系譜にジョン・デューイ『現代政治の基礎――公衆とその諸問題』（阿部斉訳、みすず書房、一九六九年）がある。「ウォルター・リップマンの『幻の公衆』をみよ。彼の『世論』とともにこの著作に対して、私は多くを負うていることを感謝したい。

それはここでの特殊な論点に関してだけではなく、私の論文全体に含まれる思想についてもいえることであり、彼とは異なった結論に到達している場合でさえ同様である」と記された。異なった結論とは、本書第六章に問われたアリストテレスの解決策による。「市民の才能に見合うよう共同体は単純で小さく維持されねばならない」。リップマンは過去のものと一蹴したが、デューイは期待の次元に残すよう要請した。大社会におけるコミュニティの再生に固執したデューイは今日的な意味で達見であるが、次なる危機を控えた一九二七年、楽観的にすぎるところもあった。

いずれにせよ、両者の共通項は「大社会」である。一九一四年、ウォーラスの書いた *The Great Society: A Psychological Analysis* はリップマンに献じられた。人間を常に理性的であると考えれば、その複雑さを見逃すことになり政治を正しく把握できない。とはいえ、大社会という新たな環境で、本能や衝動に頼ることもまた危険である。面と向かった議論や家庭での仕事は、複雑な世界的関係で結ばれた大社会では組織化せざるをえない。十九世紀の主知主義を批判し、組織化や計画化において非合理性を捉え直すウォーラス、リップマン、チャールズ・メリアムの系譜については、西尾孝司『現代政治と民主主義』(晃洋書房、一九九九年)を参照するとよい。

また一九三〇年代末、*An Inquiry into the Principles of the Good Society* をめぐるフリードリヒ・ハイエクとのやり取りについては、『新自由主義と戦後資本主義――欧米における歴史的経験』

（日本経済評論社、二〇〇六年）所収の西川純子「ウオルター・リップマンと新自由主義」に詳しい。一九三八年八月にパリで開かれた「ウォルター・リップマン・シンポジウム」はファシズムと社会主義に挟撃された自由主義者たちの集いであった。市場経済を維持するため国家の介入を認めたリップマンの「新自由主義」は、六項目のアジェンダとなって採用された。その後、リップマンはニューディールの行き過ぎを批判する。しかし、国家の介入に懐疑的なハイエクの新自由主義に同意することはなかった。

さて、リップマンの主著『輿論』には実はもう一つの抄訳が存在する。ウィルバー・シュラム編『マス・コミュニケーション』（学習院大学社会学研究室訳、東京創元新社、一九六八年）に収められた「外界と人間の頭の中の影像」である。これは「第五部　マス・コミュニケーション効果」に分類されている。リップマンは政治学のみならず心理学、とりわけメディアの効果研究において古典と目されてきた。「コミュニケーションの機能に関する彼の着想の中でその後、実験室やフィールドでの丹念な研究によって繰り返し実証化されなかったものはないほどである」とは、エリザベス・ノエル・ノイマンが『沈黙の螺旋理論――世論形成過程の社会心理学』（池田謙一・安野智子訳、ブレーン出版、一九九七年）に記すところである。輿論をステレオタイプの一つと捉え、同調を促す要素であると考えた。すなわち前著『輿論』には、社会に共有された固定的な観念であるステレオタイプや、個人が頭の中に描くイメージである疑似環境といった社会心理学的な面白さが含まれる。しかし、その延長上に本書『幻の公衆』を読めば、別の意味で幻を見ることになるかもしれない、ということは少々断っておいてもよい。

もちろん、リップマンは学者ではなく政治評論家であるから、影響力はジャーナリズムの世界に及ぼされてきた。世間に広く知られた用語として、「ステレオタイプ」はすでに馴染み深い外来語である。戦後について言えば「冷戦」がそれに当たる。一九四七年に出版された *The Cold War: A Study in U.S. Foreign Policy* より一般に流布したという。ソ連を封じ込めるジョージ・ケナンの政策に反論した論説「今日と明日」をまとめた本である。

このようにリップマンの著作は政治学、心理学、ジャーナリズムの領域にまたがっており、日本への影響は一九二〇年代から今日まで保たれてきた。そこに『幻の公衆』を位置づけるのは、メディア学を専攻する訳者にとって手に余るものがある。したがって系譜学にはこれ以上踏み込まず、最後に内容について少し触れるにとどめたい。

「理想はその本来の可能性を表現すべきである」とリップマンは言う。民主主義の理論は、実際に行為できるかどうかを考えると、現実離れしたものになっている。することがあるから投票に行かないというのは、することがあっても投票に行くというより現実的である。望ましくはないが、より現実的なものの見方で公衆を考えてみよう、というのが本書の趣旨である。

その際、リップマンは行為との関連における意味を重視して、前著『輿論』に見られるような心理的な影響における意味を軽視しようとした。公衆に実際にできることとできないこと、という議論をする。それは行為している人を支持するかしないかである。それゆえ、常に外部から関与するという。

鍵となる概念は insider と outsider にある。これは玄人と素人、専門家と一般人という意味では決してない。本書では前者を関係者、後者を部外者と訳した。例えば、扉に記された警告文に「関係者以外お断り」「部外者は立ち入り禁止」とある。これは専門家と素人を指しているのではない。もしこの文が「専門家以外お断り」「素人は立ち入り禁止」となっているなら、入るのに躊躇する関係者もいることだろう。あるいは、株式の「インサイダー取引」を考えてもよい。インサイダーが持っている知識は専門的な知識ではない。関係者が持っている知識、つまり内部の者にしか手に入らない知識である。化学製品について、たとえ構造式を知らなくとも発売日は知りうるという、それが関係者の知識である。第一章でリップマンは、自分も幻の公衆の一員であると兜を脱いだ。専門家である自分でさえ、民主主義の従来の教科書に書かれている公衆のようには、振る舞えないというのである。

専門家であっても、できないことがあるという告白は、たとえステレオタイプに左右されず、疑似環境を乗り越えることができたとしても、問題は残ると言うに等しい。本書『幻の公衆』が前著『輿論』の続編とされるゆえんである。

一九二二年に書かれた『輿論』は、第一次世界大戦において陸軍の情報将校として活躍したリップマンが、目の届かない世界について認知心理学的な説明を施した上で、中央集権化された情報組織の必要性を訴えた著作であった。もちろん、見渡すことのできない世界は、人間の合理性に基づく楽観的な世界観を放棄したウォーラスがリップマンに献じた *The Great Society* を前提とした考えであり、崩壊した予定調和的な社会をいかに組織化するか、若き弟子に伝えたことを受けている。しかし、統計をはじめとする社会科学による分析が認知的なゆがみを補完するという期待のなかで、リップマンは公衆を静的なものとして扱っている。公衆の動きをさしあたり統制し、他の部分がどのように変化するのかを確かめたかのようである。

ところが、実際には公衆がおとなしく、何の影響も及ぼさず、ただ存在しているというのではない。公衆が所与ではなく変数として機能した場合、『輿論』はどう展開するのか。民主主義を経た次の大戦を知る我々にとって戦慄を禁じえないこの問題設定を、リップマンは『幻の公衆』で書き継がねばならなかった。

その目標は、輿論の同調作用を常に直接及ぼすことのないよう、公衆の分限を定めることにある。すなわち「輿論を口にする人々は、時折、人の行為を限定することはできるだろうが、彼らの意見がそれらの行為を遂行することはない」という一線である。

行為を第一に、意見を第二に据えるという方向性は、心情に支えられた輿論がしばしば意見から行為への越権を目指そうとする今日、その重要性を失っていない。ジョナサン・ローチが「観念や言葉で他人に苦痛を与えてならないのは、棒やナイフでそうしてはいけないのと同じである。そうした原則は、急速に流行りだし、法律の形をさえ取り始めるようになった」と書いたことを思い出す（『表現の自由を脅すもの』飯坂良明訳、角川書店、一九九六年）。裁判において部外者の入る余地が拡大され、メディアは加害者の行為より周囲の意見に焦点を合わせる。しかし、何をしたかとどう感じたかは明確に違う。その折り合いをいかにしてつけるのか。

『幻の公衆』にはあって『輿論』にはないもの、それが modus vivendi（一時的妥協）である。ラテン語 modus は「方法」を、vivendi は「生活」を意味する。すなわち「生きるためのやり方」である。争いに決着がつかなくとも、互いの主張を残したまま共存の道を探るというものである。言葉で傷つけても棒やナイフで傷つけることのないように、公衆は部外者としての自覚を持ち、一時的妥協を許す環境の整備をこそ努めるべきである。

さて、本書を翻訳する構想は、柏書房の山口泰生さんのものであったらしい。京都大学の佐藤卓己先生がこの話を漏らされたとき、私からお願いして担当させていただくことになった。修士課程二年生のとき、佐藤先生に出会い、演習への参加を快く許してもらえた。先生から受けた学恩は計り知れない。また本書も含め、数々の貴重な機会を与えてくださったことに心から御礼を申し上げたい。

マ

ヤ

ラ

タ

ナ

ハ

サ

事項索引

人名索引

著者
ウォルターリップマン（Walter Lippmann）
1889年，ニューヨーク生まれ。ハーバード大学卒業。1913年，『ニューリパブリック』の創刊に参画し政治評論家となる。第一次世界大戦で和平構想の調査，立案に関わる。1922年，『ワールド』の論説委員に就任。1931年，『ニューヨークヘラルドトリビューン』に移り，論説「今日と明日」の執筆を開始する。1963年，『ワシントンポスト』に論説を引き継ぎ，『ニューズウィーク』に連載を持った。1974年，ニューヨークで死去した。
著書に *Public Opinion*（1922：邦訳＝『世論』掛川トミ子訳，岩波文庫，1987），*The Good Society*（1938），*The Cold War*（1947），*The Public Philosophy*（1955：邦訳＝『公共の哲学』矢部貞治訳，時事通信社，1957）など。

訳者
河崎吉紀（かわさき・よしのり）
1974年奈良県生まれ。同志社大学大学院文学研究科退学。博士（新聞学）。現在，同志社大学社会学部専任講師。
著書に『制度化される新聞記者――その学歴・採用・資格』（柏書房，2006年），『ヒトラーの呪縛』（共著，飛鳥新社，2000年）など。

幻《まぼろし》の公衆《こうしゅう》

2007年6月25日　第1刷発行

著　者　ウォルター・リップマン
訳　者　河崎吉紀
発行者　富澤凡子
発行所　柏書房株式会社
東京都文京区本駒込1-13-14（〒113-0021）
電話 03(3947)8251〔営業〕
03(3947)8254〔編集〕
装　丁　森　裕昌
印　刷　株式会社亨有堂印刷所
製　本　小高製本工業株式会社

ISBN978-4-7601-3169-3